O selo DIALÓGICA da Editora InterSaberes faz referência às publicações que privilegiam uma linguagem na qual o autor dialoga com o leitor por meio de recursos textuais e visuais, o que torna o conteúdo muito mais dinâmico. São livros que criam um ambiente de interação com o leitor – seu universo cultural, social e de elaboração de conhecimentos –, possibilitando um real processo de interlocução para que a comunicação se efetive.

Instrumentalidade e instrumentais técnicos do serviço social

Ângela Maria Pereira da Silva

EDITORA intersaberes

Conselho editorial
Dr. Ivo José Both (presidente)
Dr.ª Elena Godoy
Dr. Nelson Luís Dias
Dr. Neri dos Santos
Dr. Ulf Gregor Baranow

Editora-chefe
Lindsay Azambuja

Supervisora editorial
Ariadne Nunes Wenger

Analista editorial
Ariel Martins

Projeto gráfico
Laís Galvão dos Santos

Capa
Laís Galvão dos Santos (*design*)
Olimpik/Shutterstock (imagem)

Diagramação
João L. Alves

Iconografia
Regina Claudia Cruz Prestes

Dados Internacionais de Catalogação na Publicação (CIP)
(Câmara Brasileira do Livro, SP, Brasil)

Silva, Ângela Maria Pereira da
  Instrumentalidade e instrumentais técnicos do serviço
social/Ângela Maria Pereira da Silva. Curitiba:
InterSaberes, 2017. (Série Formação Profissional em
Serviço Social)

  Bibliografia
  ISBN 978-85-5972-206-2

  1. Serviço social I. Título. II. Série.

16-06394   CDD-361.3

Índices para catálogo sistemático:
1. Serviço social 361.3

1ª edição, 2017.
Foi feito o depósito legal.

Informamos que é de inteira responsabilidade da autora a emissão de conceitos.

Nenhuma parte desta publicação poderá ser reproduzida por qualquer meio ou forma sem a prévia autorização da Editora InterSaberes.

A violação dos direitos autorais é crime estabelecido na Lei n. 9.610/1998 e punido pelo art. 184 do Código Penal.

Rua Clara Vendramin, 58 ▪ Mossunguê ▪ CEP 81200-170 ▪ Curitiba ▪ PR ▪ Brasil
Fone: (41) 2106-4170 ▪ www.intersaberes.com ▪ editora@editorainterasaberes.com.br

Sumário

Agradecimentos | 11
Apresentação | 13
Como aproveitar ao máximo este livro | 16

1. **Trabalho e processos correlatos em que se inserem os(as) assistentes sociais | 21**
   1.1 Reflexões sobre o trabalho e processos correlatos | 24
   1.2 As competências do serviço social na contemporaneidade | 31
   1.3 Resolução do Conselho Federal de Serviço Social n. 493, de 21 de agosto de 2006 | 36

2. **A dimensão técnico-operativa nos processos de trabalho do(a) assistente social | 43**
   2.1 Mudanças no mundo do trabalho e repercussões no cotidiano do(a) assistente social | 46
   2.2 Uma análise sobre a dimensão técnico-operativa | 48
   2.3 Respaldo legal para o exercício profissional | 55
   2.4 Campos de trabalho profissional e atuais demandas sociais | 60
   2.5 Perfil do(a) profissional de serviço social na atualidade | 64

3. **A observação e a entrevista no cotidiano profissional do(a) assistente social | 71**
   3.1 Observação | 74
   3.2 Entrevista | 77
   3.3 A entrevista nos processos de trabalho do(a) assistente social | 82
   3.4 Algumas questões norteadoras para a entrevista do serviço social | 85

4. **As visitas domiciliar e institucional nos processos de trabalho do(a) assistente social | 99**
   4.1 Concepções de visita domiciliar | 101
   4.2 Procedimentos facilitadores da visita domiciliar | 106
   4.3 Aspectos importantes a serem observados na visita domiciliar | 107
   4.4 Visita institucional | 112

5. **O trabalho com grupos | 121**
   5.1 A evolução do conceito de *grupo* e do trabalho com grupos no serviço social | 123
   5.2 O processo grupal segundo Pichon Rivière | 127
   5.3 Habilidades necessárias para o trabalho com grupos | 130

6. **Mobilização de comunidades | 139**
   6.1 Concepção de comunidade | 141
   6.2 Movimentos sociais e serviço social | 144
   6.3 Participação e controle social | 147

7. **Rede socioassistencial: o acesso a serviços com vistas à garantia de direitos | 153**
   7.1 Rede como estratégia de articulação para o(a) assistente social | 155
   7.2 Noções de rede | 158

8. **A documentação do cotidiano de trabalho do(a) assistente social | 169**
   8.1 Noções acerca da documentação no trabalho do(a) assistente social | 171
   8.2 Diário de campo | 176
   8.3 Registro do relatório de atendimento | 178
   8.4 Perícia social: estudo social, parecer social e laudo | 182
   8.5 Relatório das visitas domiciliar e institucional | 185
   8.6 O relato de trabalho com grupos | 186
   8.7 A importância da documentação no trabalho do(a) assistente social | 187

Estudo de caso | 191
Para concluir... | 195
Apêndice 1 | 197
Apêndice 2 | 199
Apêndice 3 | 203
Referências | 209
Respostas | 221
Sobre a autora | 229

Nós dizemos não

Dizemos não ao elogio do dinheiro e da morte [...] a um sistema que põe preço nas coisas e nas pessoas, onde quem mais tem é quem mais vale; [...] nós dizemos não a um sistema que nega comida e nega amor, que condena muitos à fome de comida e muitos à fome de abraços.

Eduardo Galeano, em discurso proferido no Encontro Internacional de Arte, Ciência e Cultura pela Democracia no Chile, em 1988

Agradecimentos

À Prof.ª Dr.ª Gleny Terezinha Duro Guimarães por ter me indicado para a elaboração desta obra para a Editora InterSaberes. À minha rede de pertencimento – família, amigos, enfim, todas as pessoas com as quais aprendo na vida pessoal e profissional.

Apresentação

Abordamos neste livro a instrumentalidade e os instrumentais técnicos do serviço social, um significativo conhecimento para a constituição do processo de trabalho do(a) assistente social no cotidiano.

Mais que teorizar a respeito, é necessário refletir sobre como o agir desse profissional é operacionalizado com base em conhecimentos teórico-práticos. Para alcançarmos esse objetivo, organizamos esta obra em oito capítulos, os quais são subdivididos a fim de favorecer a compreensão das dimensões ético-política, teórico-metodológica e técnico-operativa do serviço social, bem como da inter-relação desses aspectos com o processo de intervenção na atualidade. Ainda, o conteúdo deste material foi elaborado com vistas a destacar as etapas de conhecimento, intervenção e avaliação dos processos de trabalho do(a) assistente social, além de apresentar algumas perspectivas, estratégias e proposições para subsidiar a prática profissional no cotidiano do trabalho em serviço social.

A compreensão dos processos de trabalho nos quais se inserem os(as) assistentes sociais é abordada no Capítulo 1, em especial para evidenciar o movimento de (re)construção do objeto de intervenção.

No Capítulo 2, abordamos a dimensão técnico-operativa nos processos de trabalho na área, destacando métodos que visam à superação de uma dimensão meramente técnica.

A dinâmica da entrevista, seus objetivos e as repercussões de tal intervenção no cotidiano de trabalho no serviço social são tema do Capítulo 3.

Na sequência, nossa análise é dirigida, no Capítulo 4, à visita domiciliar, que subsidia a compreensão da complexidade do sistema familiar e comunitário dos(as) usuários(as) atendidos(as) pelo(a) assistente social.

No Capítulo 5, tratamos do trabalho com grupos, que possibilita, além da troca de experiências, o alcance de um número maior de usuários(as) que, por um efeito multiplicador, podem ampliar seus conhecimentos sobre os direitos sociais.

Dando continuidade à nossa abordagem, no Capítulo 6, propomos um estudo a respeito da mobilização de comunidades, haja vista a atuação do(a) assistente social com o emprego de abordagens coletivas no seu exercício profissional.

No Capítulo 7, versamos sobre a articulação da rede – dos(as) assistentes sociais entre si e destes(as) com a comunidade –, que se constitui como uma das metodologias centrais para a intervenção, com vistas a oferecer o acesso universal a bens, serviços, programas, produtos e equipamentos disponíveis para o desenvolvimento social.

Por fim, destacamos, no Capítulo 8 a documentação dos processos de trabalho, apresentando uma tipologia de relatórios e procedimentos comuns no cotidiano do assistente social.

Como aproveitar ao máximo este livro

Este livro traz alguns recursos que visam enriquecer o seu aprendizado, facilitar a compreensão dos conteúdos e tornar a leitura mais dinâmica. São ferramentas projetadas de acordo com a natureza dos temas que vamos examinar. Veja a seguir como esses recursos se encontram distribuídos no decorrer desta obra.

Conteúdos do capítulo:

- Histórico da profissão do(a) assistente social no Brasil.
- Serviço social e inter-relação entre o mundo acadêmico e o mundo do trabalho.
- Competências, habilidades e atitudes necessárias ao(à) assistente social.
- Finalidade, instrumentos e resultado do serviço social.

Após o estudo deste capítulo, você será capaz de:

1. compreender a interface entre as Unidades de Formação Acadêmica (UFAs) e as exigências do mundo do trabalho no que diz respeito à formação profissional;
2. reconhecer o objeto específico do serviço social, bem como os instrumentos utilizados, os resultados e a importância da intencionalidade do(a) profissional;
3. atuar no serviço social em consonância com os princípios norteadores e éticos da profissão;
4. compreender as competências, as habilidades e as atitudes inerentes à profissão.

Conteúdos do capítulo:

Logo na abertura do capítulo, você fica conhecendo os conteúdos que nele serão abordados.

Após o estudo deste capítulo, você será capaz de:

Você também é informado a respeito das competências que irá desenvolver e dos conhecimentos que irá adquirir com o estudo do capítulo.

Para saber mais

Filme

ELEFANTE Branco. Direção: Pablo Trapero. Argentina, França, Espanha: Paris Filmes, 2012. 115 min.
Esse longa retrata problemas sociais na luta por direitos no cotidiano de uma comunidade, bem como relações sociais pautadas por solidariedade, apoio e vínculo. O elefante branco é um edifício, projetado, em 1920, para ser um hospital, mas a obra nunca foi concluída. Na filmagem, o edifício é transformado em um conjunto habitacional irregular conhecido como Villa Lugana. Um dos tema tratados é o fenômeno da guetização e da apartação social. No enredo, uma assistente social atua na construção de um projeto habitacional.

Livro

IAMAMOTO, M. V. **O serviço social na contemporaneidade**: trabalho e formação profissional. São Paulo: Cortez, 1998.
A autora aborda alterações ocorridas na sociedade, principalmente nas décadas de 1980 e 1990, provocadas pela mudança no modo de produção capitalista, pelo processo de globalização e pela internacionalização do capital – em tempos difíceis para os sujeitos sociais. Iamamoto reflete sobre o processo de trabalho do(a) assistente social no atual contexto social e sobre os desafios para a formação profissional.

Síntese

Apresentamos neste capítulo o objeto do serviço social, ou seja, a questão social como conjunto das expressões das desigualdades sociais engendradas na sociedade capitalista madura. Demonstramos que a questão social se apresenta em múltiplas manifestações econômicas, políticas, socioculturais, de classe, regionais, de gênero, étnico-raciais e religiosas. Igualmente,

---

Para saber mais

Você pode consultar as obras indicadas nesta seção para aprofundar sua aprendizagem.

Para saber mais

BRAVO, M. I. S.; MENEZES, J. S. B. de (Org.). **Saúde, serviço social, movimentos sociais e conselhos**: desafios atuais. São Paulo: Cortez, 2012.
Seguindo à risca a premissa de Marx, as autoras contribuem para decifrar a realidade, envidando esforços para determinar qual é o potencial político dos movimentos sociais, dos sindicatos, dos partidos políticos e dos conselhos de política e de direitos na atual realidade brasileira.

Síntese

Neste capítulo, explicamos que a mobilização de comunidades advém da necessidade de participação e de controle social por parte da população em relação à gestão das políticas públicas, por meio de conselhos de direito e conferências. Em seguida, argumentamos que a mobilização representa um espaço de socialização e reivindicação por objetivos e interesses comuns: melhorias na comunidade, saneamento básico, programas de moradia popular, qualidade dos serviços prestados à população, entre outros. Demonstramos que é perceptível o poder de alteração do quadro da realidade proporcionado pela mobilização de comunidades referente às demandas coletivas, bem como a elaboração de projetos e programas que propõem soluções para a vida da comunidade, do grupo, da instituição, ou para uma situação determinada. É possível alterar situações da realidade social, visto que os(as) usuários(as) são sujeitos dessa mudança. A intervenção do(a) assistente social na mobilização de comunidades possibilita o fortalecimento da identidade individual, grupal e social.

Síntese

Você dispõe, ao final do capítulo, de uma síntese que traz os principais conceitos nele abordados.

explicamos como todos esses fatores interferem na vida dos sujeitos, das famílias, das comunidades, e como eles devem ser considerados pelo(a) assistente social. Nesse panorama, defendemos a importância das competências teórico-metodológica, ético-política e técnico-operativa no cotidiano de trabalho, haja vista o compromisso profissional voltado à cidadania, à autonomia, ao acesso aos bens e serviços e à viabilização de direitos assumidos com os usuários.

Questões para revisão

1. Sobre os temas tratados neste capítulo, assinale V nas afirmativas verdadeiras e F nas falsas:
   ( ) Um dos desafios do serviço social na contemporaneidade consiste na efetivação da Resolução Cfess n. 493/2006, que dispõe sobre as condições éticas e técnicas do exercício profissional do(a) assistente social.
   ( ) É fundamental que os(as) assistentes sociais reconheçam e acompanhem as demandas sociais para que, por meio do processo de trabalho, estabeleçam as estratégias metodológicas para intervir com os(as) usuários(as), famílias e comunidades.
   ( ) Na concepção de Yolanda Guerra, a instrumentalidade no exercício profissional refere-se ao uso de instrumentos pelos quais os(as) assistentes sociais podem transformar suas finalidades em resultados profissionais.
   ( ) O(a) assistente social deve ser qualificado(a) para conhecer a realidade social, política, econômica e cultural com a qual trabalha, o que pressupõe rigor teórico e metodológico que lhe permita enxergar a dinâmica da sociedade para além dos fenômenos aparentes.

   Agora, assinale a alternativa que corresponde à sequência correta:
   a) V, V, V, V.
   b) V, V, F, V.
   c) V, F, F, V.
   d) V, V, F, F.

Questões para revisão

Com estas atividades, você tem a possibilidade de rever os principais conceitos analisados. Ao final do livro, o autor disponibiliza as respostas às questões, a fim de que você possa verificar como está sua aprendizagem.

---

a) questão social, capitalista, assistente social, perícia social.
b) questão social, democrática, juiz (juíza), perícia social.
c) perícia social, capitalista, assistente social, política social.
d) exclusão social, brasileira, assistente social, perícia social.

4. Com base na temática abordada neste capítulo, explique como podem ser articuladas as dimensões ético-política, teórico-metodológica e técnico-operativa no processo de trabalho do(a) assistente social.

5. Qual a importância da instrumentalidade na prática profissional do(a) assistente social? Justifique sua resposta.

Questões para reflexão

1. De acordo com a temática estudada, como se traduz a dimensão ética no serviço social?

2. Como é possível diferenciar *prática profissional* de *processo de trabalho*? Justifique sua resposta.

3. Com base nas concepções apresentadas neste capítulo sobre o objeto do serviço social, conceitue *questão social*.

4. Considerando a importância da Lei de Regulamentação e do Código de Ética Profissional do serviço social, discorra sobre a utilidade desses documentos para os(as) assistentes sociais.

5. No que consiste a instrumentalidade no exercício profissional do(a) assistente social?

Questões para reflexão

Nesta seção, a proposta é levá-lo a refletir criticamente sobre alguns assuntos e trocar ideias e experiências com seus pares.

Estudo de caso

Estudo de caso

Esta seção traz ao seu conhecimento situações que vão aproximar os conteúdos estudados de sua prática profissional.

Vilma[1] compareceu ao acolhimento à comunidade do Centro de Referência da Assistência Social (Cras) de seu bairro, após várias peregrinações desorientadas nos serviços públicos. A senhora relatou que enfrentava dificuldades para alugar alguns imóveis que possui em razão do comportamento do filho de sua vizinha, que ocasionalmente tem se apresentado agressivo com os inquilinos e com a própria mãe, Alzira. Vilma afirmou que pensou em procurar o sistema judiciário para processar a família por causa do prejuízo financeiro que vem tendo por essa situação, mas que preferiu buscar atendimento no Cras por sentir muita pena de Alzira, que é agredida pelo filho, e também por imaginar

---

[1] Esse estudo de caso é uma situação que foi atendida em nosso local de trabalho com nomes fictícios para respeitar o anonimato.

CAPÍTULO 1

Trabalho e processos correlatos em que se inserem os(as) assistentes sociais

Conteúdos do capítulo:

- Histórico da profissão do(a) assistente social no Brasil.
- Serviço social e inter-relação entre o mundo acadêmico e o mundo do trabalho.
- Competências, habilidades e atitudes necessárias ao(à) assistente social.
- Finalidade, instrumentos e resultado do serviço social.

Após o estudo deste capítulo, você será capaz de:

1. compreender a interface entre as Unidades de Formação Acadêmica (UFAs) e as exigências do mundo do trabalho no que diz respeito à formação profissional;
2. reconhecer o objeto específico do serviço social, bem como os instrumentos utilizados, os resultados e a importância da intencionalidade do(a) profissional;
3. atuar no serviço social em consonância com os princípios norteadores e éticos da profissão;
4. compreender as competências, as habilidades e as atitudes inerentes à profissão.

> *Rebelião que expressa em resistências, na organização coletiva, na tomada de consciência e posicionamento frente a uma realidade marcada por desigualdades, portanto, uma realidade que nos convoca como profissionais, a potencializar estas resistências, mas também a reduzir desigualdades através da defesa e garantia do acesso a direitos, contribuindo para o fortalecimento da cidadania e da racionalidade democrática no cotidiano da vida social.*
>
> Cress, 2009

Filiadas à Associação Brasileira de Ensino e Pesquisa em Serviço Social (Abepss), "entidade acadêmico-científica que coordena e articula o projeto de formação em serviço social no âmbito da graduação e pós-graduação" (Abepss, 2016), estão as Unidades de Formação Acadêmica (UFA) – instituições de ensino superior que oferecem cursos de formação no serviço social.

Um dos desafios atuais das UFAs é possibilitar ao(à) aluno(a) o desenvolvimento de conhecimentos sintonizados às demandas sociais e ao (re)conhecimento da dinâmica institucional para além do aparente. Sem esse conhecimento crítico das relações institucionais e a consciência desses processos, o(a) aluno(a) não pode intervir com o comprometimento necessário no projeto ético-político profissional em seu campo de estágio ou em sua inserção no mundo do trabalho, haja vista o perfil profissional desejado, em relação a sua capacidade crítica de análise, que deve se evidenciar em ações inovadoras, criativas, interdisciplinares e não reiteradas, conforme referenciado nas Diretrizes Curriculares como parâmetro legal do projeto de formação e conhecimento teórico e ético.

Sendo assim, interessa-nos sistematizar neste primeiro capítulo alguns debates relevantes para a compreensão dos processos de trabalho dos(as) assistentes sociais, em especial para desvelar o movimento de (re)construção do objeto de intervenção. Portanto, pretendemos retomar a questão social como objeto de trabalho desses profissionais com base no pensamento dialético-crítico, visto que a categoria filia-se majoritariamente a esse referencial, embora existam outros.

1.1 Reflexões sobre o trabalho e processos correlatos

Para demonstrarmos o panorama descrito na introdução deste capítulo, é imprescindível nos apropriarmos de múltiplas mediações, articulando os conhecimentos do(a) assistente social em formação ou em exercício construídos durante sua trajetória acadêmica à compreensão crítica da totalidade dos fenômenos. Nesse contexto, cabe a esse(a) profissional empreender uma análise de sua conjuntura social, reconhecendo que a opção por determinada teoria traduz-se numa escolha política. Afinal, a dimensão ético-política não pode ser desassociada das dimensões teórico-metodológica e técnico-operativa, considerando-se os conhecimentos, habilidades e atitudes (CHA)[1] essenciais ao desempenho profissional.

Nas palavras de Couto (2009, p. 656):

> Um elemento fundamental e essencial a todo projeto diz respeito à filiação teórica com a qual é construído o projeto de trabalho. Embora seja de domínio público a identificação da profissão com o referencial dialético-crítico, ainda é possível encontrar propostas com outras filiações teóricas. Assim, é necessário clarificar quais os pressupostos teóricos que vão dar concretude ao trabalho. Para isso, é preciso ter claro que, ao se filiar à teoria dialético-crítica, o profissional está alimentado por uma visão de mundo que compreende as refrações da questão social como produto intrínseco do capitalismo, e não como consequência de um posicionamento individual do sujeito, de seus familiares e de seus grupos, que, por falta de capacitação ou sorte, enfrentam dificuldades para sobreviver.

---

1 "※ O **conhecimento** é o saber, é o que aprendemos nas escolas, nas universidades, na vida, [...] nos livros, no trabalho. Sabemos de muitas coisas, mas não utilizamos tudo o que sabemos.
※ A **habilidade** é o saber fazer, é tudo o que de fato utilizamos dos conhecimentos que detemos em nossos 'arquivos' no dia-a-dia.
※ A **atitude** é o que nos leva a decidir se iremos ou não exercitar nossa habilidade de um determinado conhecimento, ela é o querer fazer."
(Portal Educação, 2013, grifo nosso).

Essa compreensão do objeto de trabalho possibilita que a categoria profissional desloque sua visão única do sujeito e o conecte à totalidade, ou seja, permite que o(a) assistente social compreenda o indivíduo como ser histórico: produto e produtor do seu meio. Nesse sentido, o(a) profissional passa a considerar os momentos históricos e contraditórios da sociedade capitalista, atentando para a estrutura social e o sujeito nela inserido.

> Em uma realidade dinâmica e influenciada pelas transformações societárias, políticas, econômicas, religiosas e socioculturais, é imprescindível repensar a profissão de assistente social em razão das repercussões na divisão sociotécnica do trabalho, bem como nas relações e condições de trabalho, o que redimensiona as funções atribuídas ao(à) assistente social.

Esse quadro revela a importância de o(a) assistente social analisar a realidade dos(as) usuários(as), famílias e comunidades atendidos(as) pautando-se por uma visão ampla do seu contexto, na perspectiva de uma intervenção que contemple o todo considerando-se as categorias do método utilizado na prática profissional. Na concepção de Iamamoto (2000, p. 62, grifo do original), "o conhecimento não é só um *verniz* que se sobrepõe superficialmente à prática profissional, podendo ser dispensado; mas é um meio pelo qual é possível decifrar a realidade e clarear a condução do trabalho a ser realizado".

Dessa forma, o(a) assistente social, norteado(a) por um aporte teórico na definição do objeto de ação e na escolha dos instrumentos a serem utilizados conforme a situação, é capaz de fazer, com maior clareza, a leitura da realidade na qual intervém.

Figura 1.1 – Categorias do método dialético-crítico

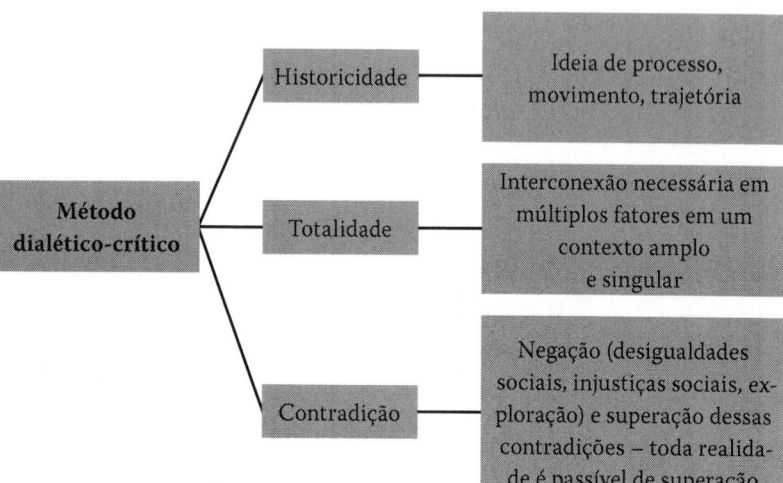

A categoria *historicidade* está atrelada à trajetória dos sujeitos, das famílias, das comunidades, das redes e das instituições com as quais o(a) assistente social se inter-relaciona. A categoria *totalidade* é concebida como um instrumento interpretativo dessas diferenças que compõem determinada realidade (Costa, 2007). A categoria *contradição*, por sua vez, está presente no cenário de desigualdades sociais e violações de direitos. Logo, tal investigação acerca da realidade de vida dos sujeitos pressupõe um processo de reflexão crítica mais abrangente referente ao cenário econômico, político, social e cultural desses indivíduos e ao modo como esses fatores incidem sobre a sociedade, em especial as comunidades, famílias e pessoas que são atendidas pelo serviço social. Tal conhecimento possibilita ao profissional planejar sua intervenção considerando os instrumentos e as técnicas que qualificam o exercício de suas atividades nos diferentes espaços sócio-ocupacionais de inserção. Portanto, a compreensão sobre o **trabalho** e o **processo de trabalho** é elemento-chave neste estudo.

Para Marx (citado por Lopes, 2010, p. 38), o processo de trabalho se relaciona com as atividades que os homens realizam para a satisfação de suas necessidades materiais ou espirituais, o que os faz desenvolver suas capacidades. Essas atividades permitem que o ser humano obtenha resultados e construa um processo de produção e de reprodução das relações.

A seguir, apresentamos detalhadamente o entendimento do filósofo alemão a respeito do termo *trabalho*:

> um processo de que participam o homem e a natureza, processo em que o ser humano, com sua própria ação, impulsiona, regula e controla seu intercâmbio material com a natureza. Defrontando-se com a natureza como uma das suas forças. Põe em movimento as forças naturais de seu corpo – braços e pernas, cabeça e mãos, a fim de apropriar-se dos recursos da natureza, imprimindo-lhes forma útil à vida humana. Atuando assim sobre a natureza externa e modificando-a, ao mesmo tempo modifica a sua própria natureza. Desenvolve as potencialidades nela adormecidas e submete ao seu domínio o jogo das forças naturais [...]. Pressupomos o trabalho sob forma exclusivamente humana. (Marx, 1985, p. 211)

Dessa forma, o autor reforça a necessidade do trabalho para o homem, que, por sua vez, acaba produzindo sua própria existência e reproduzindo-se como ser humano, na medida em que o trabalho útil é indispensável para manter a vida humana, quaisquer que sejam as formas de sociedade. Na concepção de Marx (1985), o trabalho propriamente dito é a atividade adequada a um fim; o objeto de trabalho é a matéria sobre a qual se aplica o trabalho; por fim, os meios de trabalho são os instrumentos utilizados pelo(a) trabalhador(a) para a execução da ação e aplicados sobre o objeto com que trabalha. Na Figura 1.2, disponibilizamos um exemplo que elucida tais afirmações.

Figura 1.2 – O processo de trabalho do marceneiro

Um profissional dispõe de um **objeto** ou **matéria-prima**. No caso do marceneiro, a matéria bruta é a madeira.

O profissional (marceneiro) incide sobre a madeira seus **instrumentos** (serrote, lixa, parafusos, entre outros).
Sentido estrito: meios de trabalho
Sentido amplo: meios de produção

Ao aplicar ação dos instrumentos sobre a madeira (objeto), com seus conhecimentos, força de trabalho e habilidades, o marceneiro transforma a matéria-prima em móveis, que seriam o **produto do seu trabalho**.

josefauer; yevgeniy11; Idea tank/Shutterstock

Nessa perspectiva, o trabalho visa atender a uma necessidade humana. Como expusemos no exemplo da Figura 1.2, a matéria-prima ou objeto é a madeira; a força de trabalho estaria atrelada aos meios ou instrumentos, tais como as ferramentas do marceneiro, que obtém como produto final os móveis. Existem vários processos de trabalho, nos quais os profissionais aplicam instrumentos para transformar objetos específicos.

A respeito desse processo, Iamamoto (2010, p. 61) assevera: "todo processo de trabalho implica uma matéria-prima ou objeto sobre o qual incide a ação; meios ou instrumentos de trabalho potencializam a ação do sujeito sobre o objeto; e a própria atividade, ou seja, o trabalho direcionado a um fim, que resulta em um produto". Dessa forma, todo processo de trabalho envolve uma pesquisa a respeito da realidade social da população atendida com base no reconhecimento de suas demandas sociais, compreendendo, assim, o objeto do serviço social. À medida que o(a) assistente social reconhece novas demandas, também pode repensar sua prática profissional e formular outras estratégias.

Nesse sentido, consideramos que existem múltiplas formas de inserção do profissional na realidade social, visto que esse processo é dinâmico e envolve tanto o(a) assistente social quanto os empregadores ou as instituições e a população usuária.

Conforme Iamamoto (2000, p. 27, grifo do original):

> Os assistentes sociais trabalham com a questão social nas suas mais variadas expressões quotidianas, tais como os indivíduos as experimentam no trabalho, na família, na área habitacional, na saúde, na assistência social pública etc. Questão social que sendo desigualdade é também rebeldia, por envolver sujeitos que vivenciam as desigualdades e a ela resistem, se opõem. *É nesta tensão entre produção da desigualdade e produção da rebeldia e da resistência que trabalham os assistentes sociais, situados nesse terreno movido por interesses sociais distintos, aos quais não é possível abstrair ou deles fugir porque tecem a vida em sociedade.*

O serviço social tem como objeto de trabalho a questão social, assim compreendida por Faleiros (1997, p. 37):

> a expressão questão social é tomada de forma muito genérica, embora seja usada para definir uma particularidade profissional. Se for entendida como sendo as contradições do processo de acumulação capitalista, seria, por sua vez, contraditório colocá-la como objeto particular de uma profissão determinada, já que se refere a relações impossíveis de serem tratadas profissionalmente, através de estratégias institucionais/relacionais próprias do próprio desenvolvimento das práticas do Serviço Social. Se forem as manifestações dessas contradições o objeto profissional, é preciso também qualificá-las para não colocar em pauta

toda a heterogeneidade de situações que [...] caracteriza, justamente, o Serviço Social.

Nesse sentido, a denominação *processo de trabalho* substituiu a expressão *prática profissional*, graças à compreensão de que a profissão parte das condições sociais, políticas e econômicas vigentes no mundo laboral e, particularmente, dos processos e das relações de trabalho em que o serviço social se insere, conforme Barbiani (2002). Então, é nesses processos de exclusão configurados na vida dos sujeitos que o(a) assistente social intervém cotidianamente.

Em face das transformações no mundo do trabalho e do processo de modernização da produção, Iamamoto (2000, p. 28, grifo do original) destaca que:

> decifrar as *novas mediações* por meio das quais se expressa a questão social, hoje, é de fundamental importância para o Serviço Social em uma *dupla perspectiva*: para que se possa tanto apreender *as várias expressões que assumem, na atualidade, as desigualdades sociais* – sua produção e reprodução ampliada – quanto projetar e forjar *formas de resistência e defesa da vida*.

O conflito entre **capital** e **trabalho** gera, permanentemente, tensão entre os donos dos meios de produção e os que vendem sua força de trabalho. Esse sistema produz um descompasso entre as conquistas sociais e econômicas com consequentes desigualdades sociais. Em virtude dessa realidade, é necessário compreender o processo de reconstrução do objeto. Para isso, é imprescindível o entendimento dos mecanismos que transformam as expressões e as manifestações da questão social em demandas sociais e institucionais. Assim, a mediação do profissional permite desvelar o objeto de intervenção.

De acordo com Pontes (2010, p. 172):

> Os sistemas de mediação que articulam o ser da profissão na dinâmica social vão-se estruturando histórica e processualmente. Ficam submersos na imediaticidade da forma de aparecer da profissão na sociedade, e particularmente nas instituições. Em face disto, se se deseja uma real aproximação ao conhecimento do objeto de

intervenção da profissão, necessário se faz empreender uma verdadeira caça às mediações que se articulam na intimidade do tecido socioinstitucional. Sem a apreensão dos sistemas de mediações, torna-se impossível uma melhor definição teórico-metodológica para o fazer profissional, que pode, neste caso, descambar para ações que necessariamente se restringirão aos limites da demanda institucional.

Portanto, torna-se fundamental considerar que o objeto de trabalho do serviço social não está dado, mas que deve ser reconstruído, observando-se os fenômenos societários, com vistas a uma intervenção que efetive o projeto ético-político da categoria profissional. Os desafios atuais no cotidiano da profissão demandam que os(as) assistentes sociais dominem as três dimensões de sua profissão (ético-política, técnico-operativa, teórico-metodológica) a serem desenvolvidas de forma interdependente para evitar o risco da fragmentação e da despolitização do fazer profissional.

1.2 As competências do serviço social na contemporaneidade

Em virtude do cenário de mudanças e da necessidade constante de análise do movimento histórico da sociedade, são fundamentais a qualificação permanente e a identificação das demandas sociais por parte do(a) assistente social. Consequentemente, são requisitadas desse(a) profissional competências, habilidades e atitudes essenciais para a construção da identidade profissional. Em outros termos, há a necessidade de aquisição do saber, do fazer e da qualidade do processo de trabalho, a partir das demandas atualmente postas à profissão.

No tocante à habilitação profissional, Serra (2000, p. 172) faz as seguintes considerações:

> As habilitações devem ser um requisito imprescindível hoje a compor o tecido de formação profissional em todos os níveis, porque, inclusive,

elas ultrapassam o terreno da profissão, são exigências para respostas mais eficazes e efetivas às necessidades atuais, em todas as áreas profissionais. Necessidades essas que requisitam um profissional propositor, formulador, articulador, gestor, implementador, negociador e equacionador, em face dos processos de alterações na ossatura do Estado e das exigências do mercado por conta das mudanças no mundo do trabalho e, particularmente, para instrumentalizar os profissionais frente às requisições mais recentes.

De acordo com Serra (2000), são imprescindíveis aos(às) profissionais da área o reconhecimento e o acompanhamento das demandas sociais, para que, pelo processo de trabalho, possam estabelecer estratégias metodológicas na intervenção com os(as) usuários(as), famílias e comunidades. Nas palavras de Faleiros (1997, p. 59), "as estratégias se constroem no campo das possibilidades, [...] que surgem, justamente, das contradições, redes e mediações. É na correlação de forças que vão se abrir as possibilidades de ação, as oportunidades estratégicas de mudanças".

É necessária, então, a compreensão das competências ético-política[2], teórico-metodológica e técnico-operativa que embasam a profissão do(a) assistente social, regulamentada pela Lei n. 3.252, de 27 de agosto de 1957 (Brasil, 1957), inicialmente com um cunho fiscalizatório e de controle por meio dos conselhos profissionais. Convém ressaltarmos que esse panorama foi alterado à medida que a profissão evoluiu, dinâmica que incidiu sobre as funções desse órgão de representação da categoria.

O projeto profissional ético-político do serviço social foi alterado pela Lei n. 8.662, de 7 de junho de 1993 (Brasil, 1993), que regulamenta a profissão e cujo texto legal preconiza um conjunto de conhecimentos particulares e especializados, com base nos quais são elaboradas respostas às demandas sociais. Esse diploma legal e o Código de Ética da categoria (Brasil, 2000) – que define as competências e os valores éticos norteadores do trabalho profissional – forneceram o respaldo jurídico e uma nova

─────────────

2 Do grego *ethos*: modo de ser, caráter. "A ética é a teoria do comportamento moral dos homens em sociedade" (Vázquez, 1997, p. 12), uma reflexão, uma investigação sobre a conduta humana.

dimensão aos instrumentos normativos legais, transpondo os limites apontados desde o surgimento do serviço social no Brasil, na década de 1930. Isso tudo para evitar os processos de trabalho focados no teoricismo ou no praticismo, distanciados de uma dinâmica profissional comprometida com a qualidade dos serviços prestados à população e com o aprimoramento intelectual e profissional. A prática exige um conjunto de competências, referidas por Serra (2000, p. 163) como "demandas de perfil", de natureza polivalente, multifuncional e multifacetada.

A competência ético-política norteia a ação do profissional, ou seja, seu objetivo final, reafirmado pelo Código de Ética, com ênfase: (1) no reconhecimento da liberdade como valor ético central; (2) na firme defesa dos direitos humanos e da consolidação da cidadania; (3) na universalidade de acesso a bens e serviços; (4) e na gestão democrática. Por essa compreensão, o(a) assistente social rompe com a tutela, ampliando possíveis canais de participação para os(as) usuários(as), famílias e comunidades.

O Conselho Federal de Serviço Social (Cfess) publicou a cartilha *Parâmetros para atuação de assistentes sociais na política de assistência social*, em que é atribuída importância às competências que permitem ao(à) profissional realizar uma análise crítica da realidade (Cfess, 2011c), para, assim, estruturar seu trabalho e estabelecer as estratégias necessárias ao enfrentamento das situações e demandas sociais que se apresentam em seu cotidiano. No que diz respeito à dimensão ético-política, esse documento possibilita ao(à) profissional uma reflexão crítica acerca das regras do mercado diante das reais necessidades dos(das) usuários(as), daí a importância do compromisso com os princípios norteadores da profissão para mediar esses interesses muitas vezes diversos.

A dinâmica descrita denota as forças contraditórias existentes na relação entre o capital e o trabalho na sociedade contemporânea, as quais geram situações de violações nesses espaços contraditórios e antagônicos.

A competência teórico-metodológica pressupõe que o(a) assistente social tenha conhecimento do referencial teórico pertinente à profissão, da legislação, dos direitos e das políticas sociais públicas. Com base na conexão entre as construções teórico-metodológicas do serviço social e de áreas afins, o(a) profissional precisa dominar conteúdos diversos para desenvolver os processos de trabalho no cotidiano, articulando-os com o domínio de técnicas e estratégias necessárias à intervenção.

Segundo Sousa (2008, p. 122), o(a) profissional deve ser qualificado(a)

> para conhecer a realidade social, política, econômica e cultural com a qual trabalha. Para isso, faz-se necessário um intenso rigor teórico e metodológico, que lhe permita enxergar a dinâmica da sociedade para além dos fenômenos aparentes, buscando apreender sua essência, seu movimento e as possibilidades de construção de novas possibilidades profissionais.

O(a) assistente social tem de desenvolver habilidades para colocar todos esses conhecimentos em prática. Isso pressupõe, por vezes, executar as intervenções mesmo em condições não ideais, decorrentes de escassez de recursos financeiros, físicos, humanos, materiais e de infraestrutura. Cabe, assim, lançar mão da **instrumentalidade do serviço social**.

> À primeira vista, o tema instrumentalidade no exercício profissional do assistente social parece ser algo referente ao uso daqueles instrumentos necessários ao agir profissional, através dos quais os assistentes sociais podem efetivamente objetivar suas finalidades em resultados profissionais propriamente ditos. Porém, uma reflexão mais apurada sobre o termo instrumentalidade nos faria perceber que o sufixo "idade" tem a ver com a capacidade, qualidade ou propriedade de algo. Com isso podemos afirmar que a instrumentalidade no exercício profissional refere-se, [sic] não ao conjunto de instrumentos e técnicas (neste caso, a instrumentação técnica), mas a *uma determinada capacidade ou propriedade constitutiva da profissão*, construída e reconstruída no processo sócio-histórico. (Guerra, 2000, p. 5-6, grifo do original)

Guerra (2000) complementa que a instrumentalidade profissional está mais próxima das habilidades adquiridas no decorrer do exercício profissional – tendo em vista as mudanças sócio-históricas e a capacidade do(a) profissional em reorganizar-se diante de contextos diversos – do que propriamente do uso de instrumentos específicos. É fato que a formação dos(das) assistentes sociais, dado o caráter interventivo da profissão, privilegiou fundamentalmente o aspecto técnico-operativo, em detrimento da produção de conhecimento por décadas a fio (Kameyama, 1998).

Instrumento e técnica não podem ser empregados isoladamente, ou seja, devem ser operacionalizados de modo articulado com uma unidade dialética que compreende o geral (estrutura), o particular (cotidiano) e o individual. Dessa forma, a competência técnico-operativa nos processos de trabalho do(a) assistente social diz respeito aos instrumentos utilizados para compreender a situação social apresentada. Nas palavras de Sousa (2008, p. 122):

> O profissional deve conhecer, se apropriar, e, sobretudo, criar um conjunto de habilidades técnicas que permitam ao mesmo desenvolver as ações profissionais junto à população usuária e às instituições contratantes (Estado, empresas, organizações não governamentais, fundações, autarquias etc.), garantindo assim uma inserção qualificada no mercado de trabalho, que responda às demandas colocadas tanto pelos empregadores, quanto pelos objetivos estabelecidos pelos profissionais e pela dinâmica da realidade social.

Em síntese, os fundamentos históricos, teóricos e metodológicos são indispensáveis para a compreensão das formas de pensar do(a) assistente social, pois compõem a instrumentalidade da profissão (Guerra, 2000). A competência técnico-operativa é materializada em um planejamento que leva em consideração as demandas detectadas no atendimento à população usuária e requer do(a) profissional do serviço social a articulação com as dimensões ético-política e teórico-metodológica.

Nesse processo, para a realização das suas intervenções, o(a) profissional dispõe de alguns instrumentos de trabalho, tais como: observação, entrevista, visitas domiciliares, trabalho com grupos, reunião, mobilização de comunidades e registro de documentação. Versaremos sobre cada um desses recursos nos capítulos subsequentes.

1.3 Resolução do Conselho Federal de Serviço Social n. 493, de 21 de agosto de 2006

Como já afirmamos, o desenvolvimento de competências durante a formação profissional representa um dos desafios enfrentados pelas UFAs, haja vista a necessidade de formar assistentes sociais capazes de responder às demandas sociais mediante a instauração de práticas competentes que viabilizem alternativas criativas e inovadoras.

Por essa razão, o projeto de formação e conhecimento do serviço social segue parâmetros legais, por exigência da Lei de Diretrizes e Bases da Educação Nacional (LDB) n. 9.394, de 20 de dezembro de 1996, e da Proposta Básica para o Projeto de Formação Profissional[3] apreciado e aprovado pela Abepss em 1996 (Abepss, 2011).

A profissão foi respaldada pela Lei n. 8.662/1993 e pelo Código de Ética do/a Assistente Social (Cfess, 2011a), que define as competências e os valores éticos norteadores do trabalho profissional em face da realidade dos espaços sócio-ocupacionais. Ainda assim, foi homologada a Resolução do Conselho Federal do Serviço Social (Cfess) n. 493, de 21 de agosto de 2006 (Cfess, 2011b, p. 153-157), que dispõe especificamente sobre as condições éticas e técnicas do exercício profissional do(a) assistente social.

---

3 Essa informação refere-se ao projeto Abepss Itinerante: as Diretrizes Curriculares e o Projeto de Formação Profissional do Serviço Social Gestão 2011-2012, datado de 2011. As Diretrizes Curriculares da Abepss de 1996 organizam os conhecimentos necessários para a estrutura curricular em três núcleos: Núcleo de fundamentos teórico-metodológicos da vida social; Núcleo de fundamentos da formação sócio-histórica da sociedade brasileira; Núcleo de fundamentos do trabalho profissional. Esse tripé engloba o conjunto de conhecimentos e habilidades necessários à formação profissional (Abepss, 2011).

Portanto, o(a) profissional deve manter-se atualizado(a), mas, sobretudo, ter condições técnicas e éticas para intervir, propor e refletir sobre os obstáculos a serem superados com o propósito de assegurar à população usuária a liberdade de viver com dignidade, sob a égide da democracia. Como empecilho, Dejours (2007, p. 31) ressalva que existe uma pressão que faz esses profissionais trabalharem mal: não estão "em questão a competência e a habilidade. Porém, mesmo quando o trabalhador sabe o que deve fazer, não pode fazê-lo porque o impedem as pressões sociais do trabalho". O autor evidencia o sofrimento associado ao ambiente de trabalho, muitas vezes precário, e às conformações, às adaptações, às inseguranças e aos medos que acometem os(as) profissionais.

Nesse contexto, a despeito das conquistas acumuladas ao longo da história, alguns processos considerados essenciais devem ser garantidos por meio de parâmetros normativos que visam resguardar as condições físicas, éticas e técnicas dos(as) profissionais do serviço social, incluindo o espaço físico adequado para as intervenções (iluminação, privacidade, ventilação, arquivos para a guarda de documentação). A fiscalização relacionada ao atendimento adequado dessas demandas fica sob a responsabilidade de conselheiros ou agentes fiscais vinculados aos Conselhos Regionais de Serviço Social (Cress). Aliás, a Resolução Cfess n. 493/2006 estabelece que o(a) assistente social deve informar os órgãos competentes sobre inadequações, sob risco de ser notificado(a), assim como o(a) representante legal ou responsável pela pessoa jurídica – a instituição empregadora – para regularizar a situação.

Toda essa dinâmica supõe competência teórica e análise crítica da realidade; competência técnica e compromisso ético-político sobre como fazer, o que fazer e por que fazer, com zelo pela eficácia dos serviços prestados à população usuária.

Para saber mais

Filme

ELEFANTE Branco. Direção: Pablo Trapero. Argentina, França, Espanha: Paris Filmes, 2012. 115 min.
Esse longa retrata problemas sociais na luta por direitos no cotidiano de uma comunidade, bem como relações sociais pautadas por solidariedade, apoio e vínculo. O elefante branco é um edifício, projetado, em 1920, para ser um hospital, mas a obra nunca foi concluída. Na filmagem, o edifício é transformado em um conjunto habitacional irregular conhecido como Villa Lugana. *Um dos tema tratados é o fenômeno da guetização e da apartação social. No enredo, uma assistente social atua na construção de um projeto habitacional.*

Livro

IAMAMOTO, M. V. **O serviço social na contemporaneidade**: trabalho e formação profissional. São Paulo: Cortez, 1998.
A autora aborda alterações ocorridas na sociedade, principalmente nas décadas de 1980 e 1990, provocadas pela mudança no modo de produção capitalista, pelo processo de globalização e pela internacionalização do capital – em tempos difíceis para os sujeitos sociais. Iamamoto reflete sobre o processo de trabalho do(a) assistente social no atual contexto social e sobre os desafios para a formação profissional.

Síntese

Apresentamos neste capítulo o objeto do serviço social, ou seja, a questão social como conjunto das expressões das desigualdades sociais engendradas na sociedade capitalista madura. Demonstramos que a questão social se apresenta em múltiplas manifestações econômicas, políticas, socioculturais, de classe, regionais, de gênero, étnico-raciais e religiosas. Igualmente, explicamos como todos esses fatores interferem na vida dos sujeitos, das famílias, das comunidades, e como eles devem ser considerados pelo(a) assistente social. Nesse panorama, defendemos a importância das competências teórico-metodológica, ético-política e técnico-operativa no cotidiano de trabalho, haja vista o compromisso profissional voltado à cidadania, à autonomia, ao acesso aos bens e serviços e à viabilização de direitos assumidos com os usuários.

Questões para revisão

1. Sobre os temas tratados neste capítulo, assinale V nas afirmativas verdadeiras e F nas falsas:
   ( ) Um dos desafios do serviço social na contemporaneidade consiste na efetivação da Resolução Cfess n. 493/2006, que dispõe sobre as condições éticas e técnicas do exercício profissional do(a) assistente social.
   ( ) É fundamental que os(as) assistentes sociais reconheçam e acompanhem as demandas sociais para que, por meio do processo de trabalho, estabeleçam as estratégias metodológicas para intervir com os(as) usuários(as), famílias e comunidades.
   ( ) Na concepção de Yolanda Guerra, a instrumentalidade no exercício profissional refere-se ao uso de instrumentos pelos quais os(as) assistentes sociais podem transformar suas finalidades em resultados profissionais.
   ( ) O(a) assistente social deve ser qualificado(a) para conhecer a realidade social, política, econômica e cultural com a qual trabalha, o que pressupõe rigor teórico e metodológico que lhe permita enxergar a dinâmica da sociedade para além dos fenômenos aparentes.
   Agora, assinale a alternativa que corresponde à sequência correta:
   a) V, V, V, V.
   b) V, V, F, V.
   c) V, F, F, V.
   d) V, V, F, F.

2. Sobre as especificidades do trabalho do(a) assistente social, assinale V nas afirmativas verdadeiras e F nas falsas:

( ) A Lei de Regulamentação e o Código de Ética profissional dispõem, especificamente, sobre as condições éticas e técnicas do exercício profissional do(a) assistente social.

( ) Segundo Yolanda Guerra, a instrumentalidade profissional está, em algum grau, atrelada às habilidades adquiridas no decorrer do exercício profissional, tendo em vista as mudanças sócio-históricas às quais a sociedade é submetida e à capacidade do(a) profissional em reorganizar-se de acordo com tais necessidades.

( ) O conflito entre capital e trabalho envolve os donos dos meios de produção e os que vendem sua força de trabalho, e esse sistema, consequentemente, não repercute nas desigualdades sociais.

( ) A competência ético-política norteia a ação do(a) profissional, respaldada pelo Código de Ética, com ênfase no reconhecimento da liberdade como valor ético central, na defesa dos direitos humanos, na consolidação da cidadania, na universalidade de acesso a bens e serviços e na gestão democrática.

Indique, agora, a alternativa que corresponde à sequência correta:
a) F, F, F, V.
b) F, V, F, F.
c) F, V, F, V.
d) V, V, F, V.

3. Complete a seguinte afirmação:

A _____ diz respeito ao conjunto das expressões das desigualdades sociais engendradas na sociedade _____ madura. Diante dessa realidade, o(a) _____ intervém, por meio da _____.

Assinale a alternativa que preenche, corretamente e na ordem em que aparecem, as lacunas do texto apresentado:

a) questão social, capitalista, assistente social, perícia social.
b) questão social, democrática, juiz (juíza), perícia social.
c) perícia social, capitalista, assistente social, política social.
d) exclusão social, brasileira, assistente social, perícia social.

4. Com base na temática abordada neste capítulo, explique como podem ser articuladas as dimensões ético-política, teórico-metodológica e técnico-operativa no processo de trabalho do(a) assistente social.

5. Qual a importância da instrumentalidade na prática profissional do(a) assistente social? Justifique sua resposta.

Questões para reflexão

1. De acordo com a temática estudada, como se traduz a dimensão ética no serviço social?

2. Como é possível diferenciar *prática profissional* de *processo de trabalho*? Justifique sua resposta.

3. Com base nas concepções apresentadas neste capítulo sobre o objeto do serviço social, conceitue *questão social*.

4. Considerando a importância da Lei de Regulamentação e do Código de Ética Profissional do serviço social, discorra sobre a utilidade desses documentos para os(as) assistentes sociais.

5. No que consiste a instrumentalidade no exercício profissional do(a) assistente social?

CAPÍTULO 2

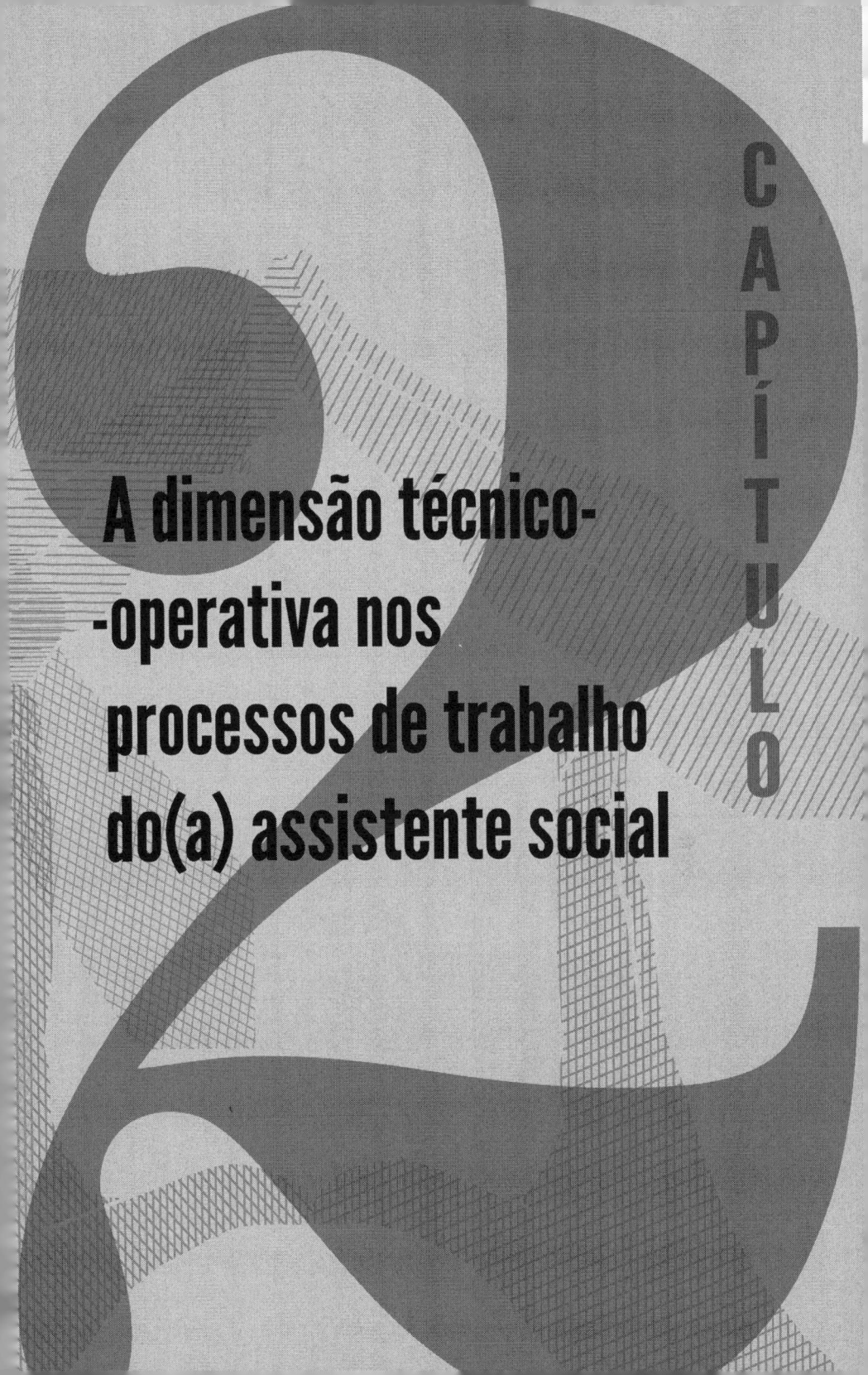

A dimensão técnico-operativa nos processos de trabalho do(a) assistente social

Conteúdos do capítulo:

- Conjuntura social, transformações societárias e rebatimentos nas políticas públicas.
- Importância da dimensão técnico-operativa para a intervenção profissional do(a) assistente social.
- Habilidades técnicas para desenvolver as ações profissionais com a população usuária e as instituições contratantes.

Após o estudo deste capítulo, você será capaz de:

1. compreender teórica, política e criticamente a competência técnico-operativa nos processos de trabalho do(a) assistente social;
2. promover a reflexão sobre o processo de trabalho na contemporaneidade;
3. elencar as principais competências requeridas do(a) assistente social.

> *Cada agente, ainda que não saiba ou que não queira, é produtor e reprodutor do sentido objetivo, porque suas ações são o produto de um modo de agir do qual ele não é produtor imediato, nem tem o domínio completo.*
>
> Bourdieu, 1972, citado por Cress, 2009

A concepção de *instrumentos* como mero conjunto de técnicas precisa ser revista, evitando-se a ideia de *fazer por fazer* no cotidiano de trabalho do(a) assistente social; devem ser considerados os conhecimentos, as habilidades, as concepções teóricas, os meios para alcançar os resultados e objetivos, além dos instrumentos que possibilitam a intervenção com usuários(as), famílias, comunidades e redes. Essa revisão conceitual é fundamental para os(as) assistentes sociais, posto que desenvolvem tanto a abordagem direta da população que demanda suas intervenções quanto a pesquisa, a supervisão, o planejamento, a assessoria ou consultoria e a gestão de políticas, programas e projetos sociais.

Portanto, os espaços sócio-ocupacionais – o ambiente onde esse profissional atua e as temáticas com as quais trabalha – são amplos e variam conforme sua inserção profissional no mundo do trabalho. Isso é reflexo das expressões da questão social e, em especial, das suas repercussões no âmbito da família, do trabalho, da saúde, da educação, da assistência social, de diferentes grupos sociais (crianças, adolescentes, pessoas idosas, pessoas com deficiência, indígenas, afrodescendentes), entre outros.

2.1 Mudanças no mundo do trabalho e repercussões no cotidiano do(a) assistente social

É importante relembrarmos que o serviço social surgiu no Brasil na década de 1930, no auge do reformismo conservador, como base de um movimento social mais amplo, de cunho confessional, com a marcante presença da Igreja Católica. Até 1945, o espectro do(a) assistente social no país limitava-se à conservação social e à manutenção da ordem (foco no indivíduo e na adequação do comportamento pela moral e pela higiene). Posteriormente, o serviço social sofreu reformulações teóricas, metodológicas, ideológicas e profissionais que ocasionaram uma mudança de paradigma, passando-se a se evidenciar a perspectiva de transformação social em sua prática. Sob a égide do desenvolvimentismo, que vigorava no cenário brasileiro entre as décadas de 1950 e 1960, a intervenção do(da) assistente social direcionou-se para o desenvolvimento de comunidades, tendo como objetos a articulação e a harmonia social entre Estado e sociedade.

Concomitantemente ao movimento de reconceituação[1], a profissão começou a enfrentar desafios gerados pela expansão da pobreza nos centros urbanos, processo iniciado na década de 1960. Nesse cenário, destacam-se dois fenômenos: a aproximação entre a classe trabalhadora e os(as) assistentes sociais, especialmente a partir de 1980, visando à organização e à mobilização

---

1   Na década de 1960, com o movimento de reconceituação no serviço social latino-americano, pode-se identificar um processo de construção de uma identidade profissional. Esse movimento propôs construir um novo conceito, objetivando questionar a teoria e a metodologia que fundamentavam e orientavam o exercício da profissão (tripartite). Houve uma tendência para a adoção de uma metodologia genérica com ênfase na dimensão ideopolítica (Lopes, 2010).

social para o engajamento pela Constituinte; e o aumento do nível de pauperização, que deu origem a diversos programas com ações fragmentadas destinadas à população, dependente de "benefícios".

Na década de 1990, sobressaíram as relações de trabalho e as novas relações entre Estado e sociedade civil, em especial no que se refere à reestruturação produtiva. Tais acontecimentos históricos tiveram influências sobre revisões curriculares do serviço social, que deveria se adequar aos novos tempos e expectativas sociais, tendo em vista um trabalho diferenciado daquele que marcou a história da profissão, simbolizado pelo assistencialismo e pela tutela. Nessa nova perspectiva da atuação profissional e técnica, os(as) usuários(as) seriam sujeitos de direitos.

Iamamoto (1999a) faz a apreciação crítica acerca de um serviço social contemporâneo voltado à decifração da realidade, a um trabalho pautado pela qualidade dos serviços prestados, pela viabilização dos serviços públicos ofertados à população usuária e pelo compromisso ético-político com os interesses coletivos dessa população. Contudo, o modelo econômico vigente adotou como receituário o processo de financeirização de todos os setores, bem como a precarização das relações de trabalho, fazendo crescer a exclusão social, econômica, política e cultural das classes subalternas na sociedade. Em tal ambiente, é exigida do(a) profissional compreensão da realidade social a fim de que reflita crítica e propositivamente, confirmando o compromisso ético favorável ao desenvolvimento de uma sociedade mais justa e igualitária.

Nesse contexto marcado por crises sociais, são profundas as mudanças da produção e a esfera de influência do Estado. Essa dinâmica gera: crescimento da demanda por serviços sociais; agravo da restrição no campo das políticas públicas; diminuição de aporte de recursos e dos salários; e imposição de critérios austeros para a população acessar seus direitos sociais.

Iamamoto (2010) afirma que o contexto contemporâneo é um período de regressão de direitos e retrocesso nas conquistas históricas da classe trabalhadora, tudo em nome da supremacia do mercado e do capital. Os resultados são o agravamento das desigualdades sociais, a concentração de renda, da propriedade e do poder em detrimento das condições financeiras e sociais da população, o desemprego, o desmonte dos direitos conquistados e das políticas sociais universais, o que inflige um sacrifício a toda a sociedade.

A cena contemporânea suscita o debate sobre a participação democrática representada por um conjunto de manifestações e mobilizações sociais em prol da transparência das decisões, da receptividade às diferenças, da publicização e do controle dos atos de poder e de afirmação da soberania popular. É nesse terreno que o trabalho do(a) assistente social, respaldado no seu projeto ético-político comprometido com a universalização dos direitos, na perspectiva da liberdade, da equidade e da justiça social, deita raízes e se expande.

Portanto, as dimensões da profissão nunca podem ser desenvolvidas separadamente; caso contrário, corre-se o risco de cair nas armadilhas da fragmentação e da despolitização, tão presentes no passado histórico do serviço social (Carvalho; Iamamoto, 2005). Tendo isso em mente, investimentos acadêmico-profissionais foram realizados no intento de se desenvolver novas formas de pensar e fazer a profissão, orientadas por uma perspectiva teórico-metodológica apoiada na teoria social crítica e em princípios éticos de um humanismo histórico, norteadores do projeto da profissão no Brasil.

Nosso propósito neste capítulo, contudo, é abordar a dimensão técnico-operativa referente ao exercício profissional que é evidenciada nas respostas profissionais materializadas no *modus operandi* do fazer profissional.

2.2 Uma análise sobre a dimensão técnico-operativa

A análise institucional permite que o(a) assistente social compreenda a dinâmica, os processos, as contradições, a (re)produção, as potências, os territórios, os equipamentos e os dispositivos da área e da organização (Baremblitt, 1996). Essa iniciativa possibilita que o(a) profissional reconheça e diferencie o objeto institucional e o objeto de intervenção do serviço social. Dessa maneira, sua inserção abrange as demandas atendidas nos espaços sócio-ocupacionais e se volta às reais necessidades da população usuária. Convém ressaltarmos que esse processo é provisório e mutável conforme o cenário, a realidade social, a natureza das instituições e as condições de vida, o acesso a bens e serviços por parte dos(as) usuários(as), famílias e comunidades que podem ficar desassistidas em algum momento.

Segundo Netto (1999, p. 95):

> Os projetos profissionais [inclusive o projeto ético-político do serviço social] apresentam a autoimagem de uma profissão, elegem os valores que a legitimam socialmente, delimitam e priorizam os seus objetivos e funções, formulam os requisitos (teóricos, institucionais e práticos) para o seu exercício, prescrevem normas para o comportamento dos profissionais e estabelecem as balizas da sua relação com os usuários de seus serviços, com as outras profissões e com as organizações e instituições sociais, privadas e públicas [...].

Lisboa e Pinheiro (2005, p. 205) afirmam que: "Os instrumentos ou meios de trabalho são elementos fundamentais de qualquer processo de trabalho. São eles que potencializam a ação do trabalhador sobre seu objeto de trabalho ou matéria-prima. O ser humano é o único ser capaz de criar meios e instrumentos de trabalho". Apresentamos, no Quadro 2.1, os instrumentos de trabalho utilizados pelos(as) assistentes sociais.

Quadro 2.1 – Instrumentos consagrados na profissão do assistente social

Instrumentos diretos	Instrumentos indiretos
• Observação • Entrevista • Grupo • Reunião • Mobilização de comunidades • Visita domiciliar • Visita institucional	• Atas de reunião • Livros de registro • Diário de campo • Relato de campo • Parecer social

Fonte: Elaborado com base em Sousa, 2008.

No cotidiano de trabalho, com o emprego de instrumentos para as intervenções necessárias às demandas sociais, baseada em uma visão crítica da realidade e comprometida com o projeto ético-político, a ação do(a) assistente social possibilita a afirmação de direitos, a inclusão social e a publicização de informações à população usuária, haja vista seu caráter eminentemente interventivo. Por essa razão, é fundamental explicitar a intencionalidade na intervenção, a fim de propiciar ao(à) usuário(a) o direito de escolher participar ou não dessa interação. O uso de determinado instrumental é um meio de se alcançar uma finalidade, explicitada pela intencionalidade teórica assumida (Silva, J. A. P. da, 1995).

Como declara Sousa (2008), o uso do instrumental pressupõe comunicação verbal e não verbal. A interação não verbal ocorre mediante: observação de gestos e de expressões faciais; identificação da razão e do significado de um momento de silêncio; sumarização do que foi exposto para favorecer uma reflexão por parte do(a) usuário(a) ou para verificar se a mensagem do indivíduo foi compreendida corretamente. A interação não verbal também pressupõe o cuidado com expressões utilizadas com o público, pois, por vezes, a negligência nesse ponto pode se tornar um empecilho, prejudicando o diálogo e até desrespeitando a privacidade dos(as) usuários(as) e, consequentemente, quebrando o sigilo profissional.

Esses detalhes demonstram que o instrumental não pode ser escolhido de forma aleatória; pelo contrário, como o(a) assistente social fica em contato direto com usuários(as) e utiliza instrumentos de coleta de dados para compreender a realidade na abordagem individual ou coletiva, a dimensão técnico-operativa transcende o uso do conjunto de instrumentos e técnicas. Para além disso, são necessárias determinadas capacidades, habilidades e competências que são constitutivas da profissão.

Iamamoto (1999a) sugere que o grande desafio na atualidade é transpor-se da bagagem teórica acumulada para o enraizamento da profissão na realidade e, ao mesmo tempo, manter atenção às estratégias e técnicas do trabalho profissional. Segundo a autora, é possível identificar três tipos de instrumentos nos processos de trabalho no serviço social:

> a) as bases teórico-metodológicas, que se constituem no conjunto de conhecimentos e possibilitam a aproximação e conhecimento do objeto; b) o instrumental técnico-operativo, que realiza efetivamente a transformação do objeto e do Serviço Social, compondo-se de instrumentos como a entrevista, a observação, o estudo, o parecer social e os encaminhamentos, entre outros; e c) as condições institucionais, que dizem respeito, sobretudo, às condições materiais de realização do trabalho, ou seja, os recursos financeiros, técnicos e humanos. (Iamamoto, 1999a, p. 60)

Na concepção de Iamamoto (1999a), o(a) assistente social desenvolve um tipo de trabalho especializado que se realiza no âmbito de processos e relações de trabalho, não podendo ser visto isoladamente, mas como resultado de dois elementos fundamentais: o desempenho profissional e as circunstâncias sociais nas quais se realiza o trabalho.

Guerra (1999, p. 198) aponta que:

> a instrumentalidade, pela qual o Serviço Social consolida a sua natureza e explicita-se enquanto um ramo de especialização, ao mesmo tempo em que articula as dimensões instrumental, técnica, ético-política, pedagógica, intelectual da profissão, possibilita não apenas que as teorias macroestruturais sejam remetidas à análise dos fenômenos, processos

e práticas sociais mas, sobretudo, objetiva essa compreensão por meio de ações competentes técnica, intelectual e politicamente.

Portanto, ambas as autoras destacam as condições éticas, técnicas e institucionais como desafios postos no cotidiano do profissional do serviço social diante da conjuntura vigente, marcada pela valorização do capital e da contradição nas relações entre capital e trabalho, Estado e sociedade, democracia e regulação social. Nesse cenário, espera-se idealmente que esse profissional tenha, com respaldo no projeto ético-político, poder de resistência a esse modelo de exploração, de exclusão e de mercantilização da vida.

Em face desse contexto, faz-se necessário que o(a) assistente social articule-se com os profissionais de diferentes áreas e serviços, numa atuação interdisciplinar, na busca de alternativas que atendam aos interesses e às necessidades dos(as) usuários(as) de diferentes políticas, programas e projetos sociais. Afinal, é demandado dos profissionais qualificação para acompanhar, atualizar e explicar as particularidades da questão social nos níveis nacional, regional e municipal em razão das estratégias de descentralização das políticas públicas (Carvalho; Iamamoto, 2005).

Nas palavras de Lisboa e Pinheiro (2005, p. 205):

> O assistente social tem a tarefa de responder com competência às demandas sociais apresentadas no seu cotidiano profissional, pois a natureza interventiva da profissão exige dos profissionais a utilização de instrumentos e técnicas articulados com as dimensões teórica, ética, e política. O cotidiano é o espaço que oferece as oportunidades, os desafios e os limites para a ação profissional.

Essa afirmação reforça a ideia de complementaridade e interdependência entre as dimensões e competências da profissão, ou seja, a dimensão teórico-metodológica proporciona a base da explicação e da interpretação do real para que o(a) assistente social estabeleça as estratégias de intervenção para o enfrentamento da realidade. Diante disso, o(a) profissional da área deve ser, conforme Iamamoto (1999a, p. 20), "propositivo e não só executivo" ou seja, mero cumpridor de tarefas burocráticas, rotineiras e preestabelecidas nos espaços sócio-ocupacionais. Em outras palavras, o(a) assistente social, no exercício profissional crítico e competente, deve decifrar os rebatimentos da conjuntura econômica, política e sociocultural nas condições de vida da população usuária, traduzida nas demandas e nas respostas da profissão tanto às instituições quanto aos(às) usuários(as) dos serviços. Portanto, esses(as) profissionais devem adotar uma postura crítica e propositiva perante a realidade para fomentar o acesso a direitos sociais e o exercício pleno da cidadania, promovendo espaços de participação, informação e empoderamento dos sujeitos.

Vasconcelos (2003, p. 20)[2] destaca o significado do termo *empoderamento*, fundamental para o trabalho do(a) assistente social: "aumento do poder e autonomia pessoal e coletiva de indivíduos e grupos sociais nas relações interpessoais e institucionais, principalmente daqueles submetidos a relações de opressão, dominação e discriminação social".

Esse conceito tem auxiliado na realização de ações e abordagens fundamentais no processo de enfrentamento pessoal, familiar e coletivo das adversidades vivenciadas pelos sujeitos. Ao darmos vistas à dimensão técnico-operativa, estamos nos referindo aos meios de trabalho adotados pelos(as) profissionais na sua prática, ou seja, a habilidade de colocar o conhecimento em ação. Nas palavras de Trindade (2001, p. 21):

> Ao enfatizar o estudo dos instrumentos e técnicas, não estamos limitando o instrumental à condição de repertório interventivo, a um rol de

---

2 Vasconcelos (2003), do ponto de vista de sua construção teórica, sustenta a ideia de *empowerment* nas seguintes premissas: trabalhar com essa noção implica importar toda a complexidade do poder como fenômeno teórico, político, social e subjetivo; o presente uso de ideais relacionadas ao termo não constitui um fenômeno genuinamente novo, mas uma reapropriação e reelaboração de tradições e interpelações já existentes, em um contexto histórico que então apresenta importantes e novas características e que dá a essas interpelações facetas diferenciadas; o desenvolvimento de estratégias de *empowerment* constitui frequentemente um processo não linear, não acumulativo ou progressivo, como acontece nas formas de poder localizadas no nível mais macrossocietário, mais estruturado e institucionalizado.

instrumentos e técnicas que seriam suficientes para a eficiência da ação. Nossa perspectiva teórica aponta a insuficiência de uma visão de instrumental técnico-operativo restrito à habilidade e ao manejo desse repertório, pois esta é uma concepção que isenta o instrumental de suas relações mais amplas, restringindo-o à sua condição de acervo técnico.

No que se refere ao campo da ação profissional, cabe aos(às) assistentes sociais apropriar-se dos pressupostos basilares da profissão (Quadro 2.1), bem como desenvolvê-los e transformá-los em projetos e frentes de trabalho. Conforme Iamamoto (1999a, p. 20):

> Olhar para fora do Serviço Social é condição para se romper tanto com uma visão rotineira, reiterativa, burocrática [...] que impede vislumbrar possibilidades inovadoras para a ação, quanto com uma visão ilusória e desfocada da realidade, que conduz a ações inócuas. Ambas [...] estão de costas para a história, para os processos sociais contemporâneos.

Para tanto, é fundamental a clareza dos princípios ético-profissionais, devendo o(a) assistente social:

- questionar os atendimentos prestados (a prática);
- adotar um posicionamento crítico perante a pesquisa (ter a documentação e o registro dos atendimentos, além de indicadores sociais referentes ao público e à comunidade atendida);
- rever a postura profissional (a ética e o compromisso social).

Convém relembrarmos que o serviço social constitui-se pelas dimensões ético-política (poder), teórico-metodológica (saber) e técnico-operativa (fazer), as quais interagem como mediações da prática profissional, em diferentes espaços sócio-ocupacionais (Martinelli, 2005). Por consequência, o instrumental técnico-operativo pressupõe a articulação teórico-prática, a pesquisa, a ação e a investigação, que, com base em determinada intencionalidade, materializam-se na intervenção guiada pela habilidade técnica. No serviço social, assumido como **profissão interventiva**, o conhecimento a ser construído pela investigação tem como horizonte não apenas a compreensão e a explicação do real, mas também a instrumentalização de determinado tipo de ação. No exercício profissional, pode haver diferentes motivos para investigar: a necessidade de transformação das condições de vulnerabilidade e risco social aos quais as famílias, comunidades e usuários(as) estão expostos, a violação dos seus direitos, o desconhecimento dos serviços disponíveis, e, consequentemente, a autonomia, a cidadania e a melhor condição de vida desses indivíduos.

Baptista (2009) revela que o objetivo desse saber é democratizar e aprofundar a prática, ampliando as possibilidades de **bem decidir**. Assim, o conhecimento passa a ser um instrumento de trabalho profissional na sua ação sobre o objeto: é, ao mesmo tempo, preliminar e concomitante à sua construção e apresenta a abrangência e o limite da teoria social norteadora. A construção desse saber da profissão, tendo como horizonte a intervenção, realiza o tríplice movimento dialético: de crítica, de elaboração de conhecimento novo, nova síntese no plano de conhecimento e de ação, em um movimento que vai do particular para o universal e retorna ao particular, desenhando um espiral de **relação entre ação e conhecimento**.

2.3 Respaldo legal para o exercício profissional

A Lei n. 8.662, de 7 de junho de 1993 (Brasil, 1993), que regulamenta a profissão do(a) assistente social, estabelece em seus arts. 4º e 5º, respectivamente, as competências e as atribuições privativas desse profissional. As competências demandam a aptidão para uma reflexão crítica, propositiva e interventiva. Convém destacarmos que as qualidades anteriormente elencadas não são específicas de uma profissão; contudo, é importante enfatizarmos que elas são

inerentes às especificidades e às particularidades profissionais do serviço social.
Consta no art. 4º da Lei n. 8.662/1993:

> Art. 4º Constituem competências do Assistente Social:
>
> I – elaborar, implementar, executar e avaliar políticas sociais junto a órgãos da administração pública, direta ou indireta, empresas, entidades e organizações populares;
>
> II – elaborar, coordenar, executar e avaliar planos, programas e projetos que sejam do âmbito de atuação do Serviço Social com participação da sociedade civil;
>
> III – encaminhar providências, e prestar orientação social a indivíduos, grupos e à população;
>
> [...]
>
> V – orientar indivíduos e grupos de diferentes segmentos sociais no sentido de identificar recursos e de fazer uso dos mesmos no atendimento e na defesa de seus direitos;
>
> VI – planejar, organizar e administrar benefícios e Serviços Sociais;
>
> VII – planejar, executar e avaliar pesquisas que possam contribuir para a análise da realidade social e para subsidiar ações profissionais;
>
> VIII – prestar assessoria e consultoria a órgãos da administração pública direta e indireta, empresas privadas e outras entidades, com relação às matérias relacionadas no inciso II deste artigo;
>
> IX – prestar assessoria e apoio aos movimentos sociais em matéria relacionada às políticas sociais, no exercício e na defesa dos direitos civis, políticos e sociais da coletividade;
>
> X – planejamento, organização e administração de Serviços Sociais e de Unidade de Serviço Social;
>
> XI – realizar estudos socioeconômicos com os usuários para fins de benefícios e serviços sociais junto a órgãos da administração pública direta e indireta, empresas privadas e outras entidades. (Brasil, 1993)

As atribuições, por sua vez, são prerrogativas exclusivas ao serem definidas como matéria, área e unidade de serviço social. Conforme o art. 5º da Lei n. 8.662/1993:

> Art. 5º [...] Constituem atribuições privativas do Assistente Social:

I – coordenar, elaborar, executar, supervisionar e avaliar estudos, pesquisas, planos, programas e projetos na área de Serviço Social;

II – planejar, organizar e administrar programas e projetos em Unidade de Serviço Social;

III – assessoria e consultoria e órgãos da Administração Pública direta e indireta, empresas privadas e outras entidades, em matéria de Serviço Social;

IV – realizar vistorias, perícias técnicas, laudos periciais, informações e pareceres sobre a matéria de Serviço Social;

V – assumir, no magistério de Serviço Social tanto a nível de graduação como pós-graduação, disciplinas e funções que exijam conhecimentos próprios e adquiridos em curso de formação regular;

VI – treinamento, avaliação e supervisão direta de estagiários de Serviço Social;

VII – dirigir e coordenar Unidades de Ensino e Cursos de Serviço Social, de graduação e pós-graduação;

VIII – dirigir e coordenar associações, núcleos, centros de estudo e de pesquisa em Serviço Social;

IX – elaborar provas, presidir e compor bancas de exames e comissões julgadoras de concursos ou outras formas de seleção para Assistentes Sociais, ou onde sejam aferidos conhecimentos inerentes ao Serviço Social;

X – coordenar seminários, encontros, congressos e eventos assemelhados sobre assuntos de Serviço Social;

XI – fiscalizar o exercício profissional através dos Conselhos Federal e Regionais;

XII – dirigir serviços técnicos de Serviço Social em entidades públicas ou privadas;

XIII – ocupar cargos e funções de direção e fiscalização da gestão financeira em órgãos e entidades representativas da categoria profissional. (Brasil, 1993)

Os(as) assistentes sociais trabalham cotidianamente com base nas dimensões da profissão (teórico-metodológica, técnico-operativa e ético-política) para a reversão das desigualdades e injustiças sociais, do panorama de vulnerabilidade social e violação de direitos que atingem uma parcela da sociedade. O desenvolvimento de ações profissionais envolve o conhecimento acurado das condições sociais em que vivem os sujeitos aos quais essas iniciativas se destinam – indivíduos, grupos ou populações (Mioto, 2009). Diante das novas demandas das últimas décadas do século XX impostas ao serviço social brasileiro, a profissão teve sua matriz teórico-conservadora alterada. Passou-se a sintonizar criticamente o serviço social às exigências do seu tempo e a qualificá-la academicamente. Essa iniciativa significou um redirecionamento da profissão em suas respectivas dimensões, o que resultou na formulação dos princípios expressos no Código de Ética, de 13 de março de 1993 (Cfess, 2011a, p. 23-24, grifo nosso):

I. **Reconhecimento da liberdade** como valor ético central e das demandas políticas a elas inerentes: autonomia, emancipação e plena expansão dos indivíduos sociais;

II. **Defesa intransigente dos direitos humanos** e recusa do arbítrio e do autoritarismo;

III. **Ampliação e consolidação da cidadania**, considerada tarefa primordial de toda a sociedade, com vistas à garantia dos direitos civis sociais e políticos das classes trabalhadoras;

IV. **Defesa do aprofundamento da democracia**, enquanto socialização da participação política e da riqueza socialmente produzida;

V. **Posicionamento em favor da equidade e justiça social**, que assegure universalidade de acesso aos bens e serviços relativos aos programas e políticas sociais, bem como sua gestão democrática;

VI. **Empenho na eliminação de todas as formas de preconceito**, incentivando o respeito à diversidade, à participação de grupos socialmente discriminados e à discussão das diferenças;

VII. **Garantia do pluralismo**, através do respeito a correntes profissionais democráticas existentes e suas expressões teóricas, e compromisso com o constante aprimoramento intelectual;

VIII. **Opção por um projeto profissional vinculado ao processo de construção de uma nova ordem societária**, sem dominação, exploração de classe, etnia e gênero;

IX. **Articulação com os movimentos de outras categorias profissionais** que partilhem dos princípios deste Código e com a luta geral dos/as trabalhadores/as;

X. **Compromisso com a qualidade dos serviços** prestados à população e com o aprimoramento intelectual, na perspectiva da competência profissional;

XI. **Exercício do Serviço Social sem ser discriminado/a**, nem discriminar, por questões de inserção de classe social, gênero, etnia, religião, nacionalidade, opção sexual, idade e condição física.

Portanto, o Código de Ética é o documento que dá sustentação ao processo de trabalho do(a) assistente social e prescreve os direitos e deveres desse profissional segundo princípios e valores humanistas. O principal desafio para materializar tais princípios éticos no cotidiano de trabalho para a autonomia, emancipação e plena expansão dos(as) usuários(as) está intrinsecamente ligado à forma de realização do trabalho profissional que indica o rumo a ele impresso. O exercício profissional produz múltiplos sentidos, tanto para a manutenção da população usuária em situação de risco e vulnerabilidade quanto para o fortalecimento da autonomia, da cidadania e da identidade para a dignificação da vida.

Nesse sentido, o(a) profissional deve, entre suas atribuições, fornecer informações à população usuária dos serviços sociais e, consequentemente, viabilizar a esse segmento social a compreensão sobre a política, os direitos sociais e as leis. Isso requer do(a) assistente social conhecimento sobre leis, direitos e políticas norteadoras, de modo que possa intervir com base na afirmação do compromisso ético-profissional e possibilitar à população usuária o acesso aos bens e serviços sociais.

2.4 Campos de trabalho profissional e atuais demandas sociais

Os(as) assistentes sociais se inserem em espaços diversos e fazem uso tanto da abordagem individual[3] quanto da abordagem coletiva[4] nos seguintes contextos:

- sistema prisional;
- Centros de Referência de Assistência Social (Cras);
- Centros de Referência Especializados de Assistência Social (Creas);
- instituições de longa permanência para pessoas idosas (Ilpi);
- serviços de atendimento às mulheres em situação de violência;
- unidades de atendimento aos adolescentes autores de ato infracional;
- serviços do âmbito da saúde, como clínicas de hemodiálise, hospitais, Equipes de Saúde da Família (ESF), Núcleo de Apoio à Saúde da Família (Nasf);
- residências multiprofissionais;
- área sociojurídica, em assessorias e consultorias;
- Terceiro Setor, em organizações não governamentais (ONGs);
- empresas.

Conforme Guerra et al. (2015, p. 2):

---

3 Na **abordagem individual** considera-se como unidade a família; é utilizada na atuação relacionada aos fatores causais ou a problemas em potencial interligados à saúde, no contexto social, econômico, cultural e emocional. A abordagem individual é um instrumento de identificação de situações sociais problemáticas comuns à população, para planejamento posterior de atividades grupais e programas específicos (Martins, 2008).

4 A **abordagem coletiva** é utilizada em situações-problema identificadas em um número significativo de usuários. É aplicada na organização de grupos para informação de aspectos prioritários ligados à saúde e à educação (Martins, 2008).

[...] o trabalho realizado pelos assistentes sociais visa responder as necessidades das classes sociais criadas no estágio avançado do capitalismo. Trata-se de profissionais chamados para intervir na relação capital e o trabalho, via políticas sociais, considerando que dessa relação marcada pela desigualdade social derivam sequelas que precisam ser enfrentadas pelas instituições sociais da ordem burguesa, especialmente pelo Estado. As políticas sociais são portadoras de interesses antagônicos mediados pelo Estado e constituem-se em instrumentos que visam minimizar as formas selvagens da exploração da força de trabalho pelo capital.

Os(as) assistentes sociais ampliaram seu espaço sócio-ocupacional, abrangendo atividades relacionadas à implantação e à orientação de conselhos de políticas públicas, à capacitação de conselheiros, à elaboração de planos de assistência social, ao acompanhamento e à avaliação de programas e projetos. De acordo com a publicação do Cfess intitulada *Assistentes sociais no Brasil: elementos para o estudo do perfil profissional*:

> A Constituição Federal do Brasil de 1988 mudou a forma de gestão das políticas sociais, uma vez que suas disposições normativas passam a reconhecer os municípios como entes federados autônomos; apontam para a reforma do Estado, considerada como indispensável à construção de uma sociedade mais participativa e eficiente democraticamente; e para a necessidade de adoção, pelo setor público, de uma prática gerencial voltada ao fortalecimento da administração pública.
>
> Neste sentido a participação da(o) assistente social nos conselhos de direitos ou de políticas sociais indica o exercício do "controle social", o que implica o exercício democrático de acompanhamento da gestão e avaliação da política, do plano da política e dos recursos financeiros destinados à sua implementação. Entende-se como uma das formas de exercício desse controle o zelo pela ampliação e qualidade da rede de serviços para todos destinatários da política. (Cfess, 2005, p. 48)

Nesses espaços profissionais, os(as) assistentes sociais atuam na formulação, no planejamento e na assessoria das políticas sociais públicas e setoriais destinadas à proteção e à defesa dos direitos dos segmentos sociais (pessoas com deficiência, pessoas idosas, mulheres, crianças e adolescentes, comunidade LGBT – lésbicas, *gays*, bissexuais, travestis, transexuais, transgêneros –, indígenas e afrodescendentes).

Iamamoto (2001, p. 185) destaca a transformação

> do tipo de atividades que foram tradicionalmente atribuídas ao assistente social, exigindo-lhe, por exemplo, cada vez mais sua inserção em equipes interdisciplinares, o seu desempenho no âmbito de formulação de políticas públicas, impulsionada pelo seu processo de municipalização; o trato com o mundo da informática; a intimidade com as novas técnicas e discursos gerenciais, entre muitos outros aspectos, o que muitas vezes tem sido lido, enviesadamente, como "desprofissionalização", "perdas de espaço", "restrição de suas possibilidades ocupacionais.

Sabemos que tais inserções resultam em novas exigências de qualificação, tais como: domínio de conhecimentos para realizar diagnósticos socioeconômicos e análise dos orçamentos públicos, para identificação de recursos disponíveis para projetar ações; noções de planejamento, gerenciamento e avaliação de programas e projetos sociais; noções de negociação; conhecimentos na área de recursos humanos, relações no trabalho e na pesquisa, entre inúmeras outras funções (Iamamoto, 2012).

O(a) assistente social também atua na esfera privada, principalmente no âmbito da organização de atividades vinculadas à produção, à circulação e ao consumo de bens e serviços. Esses profissionais ainda podem estar presentes em processos de organização e formação política de segmentos diferenciados de trabalhadores (Cfess, 2017).

Iamamoto (1999a, p. 1244) enfatiza que

> têm sido exigidos requisitos que extrapolam o campo dos conhecimentos para abranger habilidades e qualidades pessoais – podem ser citadas: experiência, criatividade, desembaraço, versatilidade, iniciativa, liderança, capacidade de negociação e apresentação em público, fluência verbal, habilidade no relacionamento e capacidade de sintonizar-se com as rápidas mudanças no mundo dos negócios. Para tanto, é indispensável o conhecimento de línguas e da informática – e capacidade operativa no exercício das suas funções.

Ampliam-se as exigências à medida que as reformas do Estado vêm alterando as relações e condições de trabalho, nas esferas pública e privada. Portanto, os espaços sócio-ocupacionais requerem novas habilidades e competências do(a) assistente social nas suas ações cotidianas, desde a apreensão das diferentes políticas sociais ao atendimento aos diferentes segmentos sociais nas suas especificidades, e isso pressupõe a busca por novos aportes teóricos.

Na prática, o(a) assistente social utiliza instrumentos de coleta de dados de natureza marcadamente qualitativa. Martinelli (1994, p. 11) afirma que a pesquisa qualitativa apresenta três princípios:

1. o reconhecimento da singularidade do sujeito, na atitude de "conhecê-lo, ouvi-lo, permitir-lhe que se revele";

2. o reconhecimento da importância em se conhecer a experiência social do sujeito, ou seja, compreender sua trajetória histórica no contexto social;

3. o reconhecimento de que o modo de vida do sujeito pressupõe o conhecimento de sua experiência social.

Portanto, a atuação competente da profissão necessariamente requer a clareza de que a população atendida é constituída por sujeitos de direito, e não meros objetos da ação profissional. Normalmente, é solicitado aos(às) assistentes sociais a realização de trabalho em equipe, pois isso implica a discussão e a análise das situações e dos fatos, o que favorece a elaboração das respostas profissionais concretas e práticas para as demandas em conformidade com uma postura reflexiva, crítica e construtiva. Essa postura promove uma práxis profissional comprometida com o projeto ético-político, primando pela capacidade de denunciar situações que necessitam ser superadas e promovendo novas formas de enfrentamento das expressões da questão social.

2.5 Perfil do(a) profissional de serviço social na atualidade

Transformações de ordem política, econômica, social e cultural dão origem a necessidades sociais que requerem novas abordagens técnico-operativas dos(as) assistentes sociais; caso esses profissionais não atendam a essas demandas, corre-se o risco de que indivíduos de outras áreas do saber ou profissões assumam esse espaço sócio-ocupacional. Em pesquisa organizada pelo Cfess (2005, p. 33), registrou-se que:

> Dentre as(os) assistentes sociais inseridas(os) no mercado de trabalho da área do Serviço Social, prevalecem as(os) que trabalham na mesma cidade em que residem. A pesquisa confirma a tendência histórica de inserção do Serviço Social em instituições de natureza pública estatal, seguidas pelas instituições privadas, que empregam mais as/os assistentes sociais do que as do Terceiro Setor. O principal tipo de vínculo empregatício das(os) assistentes sociais é o estatutário, no entanto esse índice é menor do que o relativo às instituições públicas, o que leva à conclusão de que nem todas(os) as(os) profissionais que atuam na esfera pública mantêm vínculos efetivos/estatutários.

Então, estar atento a novos espaços ocupacionais é fundamental. Entre eles, citamos o Terceiro Setor, as demandas socioambientais, a assessoria e consultoria em diversas áreas. Além disso, é necessário transcender a prática rotineira desenvolvida em torno de velhos campos, incorporando para o espaço profissional do(a) assistente social o estudo e as novas respostas tanto às demandas já existentes quanto, fundamentalmente, às demandas emergentes (Montaño, 2007). Trata-se de um desafio constante de apreender na dinâmica da sociedade as novas expressões da questão social, mas também as formas de intervir. Do contrário, o(a) assistente social pode incorrer no erro de realizar uma intervenção arcaica e, assim, contribuir para a

lógica que visa exclusivamente ao lucro, à benesse, à moralização do sujeito, em vez de defender os direitos dos(as) usuários(as), das famílias e das comunidades.
Nas palavras de Iamamoto (1999a, p. 126), isso pressupõe:

> um profissional culto e atento às possibilidades descortinadas pelo mundo contemporâneo, capaz de formular, avaliar e recriar propostas no nível das políticas sociais e da organização das forças da sociedade civil. Um profissional informado, crítico e propositivo, que aposte no protagonismo dos sujeitos sociais. [...] um profissional versado no instrumental técnico-operativo, capaz de realizar ações profissionais, nos níveis de assessoria, planejamento, negociação, pesquisa e ação direta, estimuladoras da participação dos usuários na formulação, gestão e avaliação de programas e serviços sociais de qualidade.

Como salienta Oliveira (2000), não basta ao profissional uma visão crítica da conjuntura na qual está inserido; ele necessita saber administrar sua trajetória em meio às mudanças do mundo do trabalho. Afinal, refletir sobre a carreira é pensar na dinâmica da vida das pessoas como sujeitos de sua história, e a compreensão desse processo e sua adequada condução são fundamentais para o bom desenvolvimento e empenho da vida profissional.

É necessário que o(a) assistente social esteja em consonância com a finalidade do projeto ético-político da categoria profissional e com a intencionalidade esperada, ou seja, é preciso que saiba aonde se quer chegar.

Para saber mais

Filme

LARANJAS e sol. Direção: Jim Loach. Reino Unido; Irlanda do Norte: Ícone Home Entertainment, 2011. 101 min.
Esse filme conta a história real vivenciada por uma assistente social que, após um processo interventivo, denunciou a violação dos direitos de crianças pobres e órfãs promovida pela Grã-Bretanha, que as deportava para suas colônias. A produção retrata a série de pressões que a profissional sofreu e as mudanças desencadeadas no país após tal revelação.

Livro

GUERRA, Y. **A instrumentalidade do serviço social**. São Paulo: Cortez, 2014.

A autora busca evidenciar a posição que a dimensão instrumental da intervenção ocupa na prática profissional. A obra resgata os fundamentos teórico-metodológicos, confrontando os quadros culturais e as transformações sociais pertinentes, e designa o marco abrangente e inclusivo da problemática da racionalidade dialética.

Síntese

Neste capítulo, demonstramos que o(a) assistente social, na execução do processo interventivo, deve utilizar-se da observação, da entrevista, da visita domiciliar e do grupo como instrumentos que possibilitam a operacionalização do planejamento da sua ação profissional sobre o objeto. Em seguida, explicitamos a incidência do arcabouço teórico e da clareza do compromisso ético-profissional na base de conhecimentos balizadores para o exercício e a competência profissional e para a opção por determinado instrumento técnico-operativo, a fim de atender as demandas que chegam ao serviço social nos diferentes espaços ocupacionais.

Questões para revisão

1. Conceitue a abordagem coletiva como um instrumento de intervenção profissional perante as demandas coletivas.

2. Com base nas reflexões despertadas neste capítulo sobre a dimensão técnico-operativa no processo de trabalho do(a) assistente social, elenque os maiores desafios no contexto atual para o exercício profissional.

3. Os pontos que incidem na fragmentação e na despolitização do saber e do fazer profissional a serem enfrentados no contexto atual são:
   a) pouca produção de conhecimento sobre a prática profissional; debate fragmentado sobre o exercício profissional e disperso entre o espaço ocupacional, o público atendido ou a política norteadora.
   b) debate fragmentado sobre o exercício profissional; base de conhecimento articulada entre a teoria e a prática profissional.
   c) prevalência do atendimento individual; escuta seletiva; carência de estudos.
   d) reprodução do que acontece no mundo do trabalho; consenso entre a unidade teórica e prática.

4. O(a) assistente social no mundo do trabalho precisa ter um perfil que contemple um conjunto de capacidades e habilidades. Iamamoto (2000) identifica algumas delas. Indique quais são:
   a) Profissional afinado(a) com a análise dos processos sociais, tanto em suas dimensões macroscópicas quanto em suas manifestações cotidianas; criativo(a) e inventivo(a), capaz de entender a realidade social e nela atuar.
   b) Profissional voltado(a) à mudança de comportamento e de vida dos sujeitos e famílias atendidos.
   c) Profissional que realiza sua prática profissional sem aporte teórico, ético e político.
   d) Profissional que tem percepção de seus limites institucionais, que atua com base em práticas imediatistas.

5. Para Oliveira (2000), o(a) assistente social precisa saber administrar a trajetória profissional. Isso implica a seguinte demanda:
   a) debater sobre a prática e o exercício profissional somente pelas constatações das fiscalizações sobre o caráter privativo do serviço social.
   b) pensar na dinâmica da história da vida das pessoas como sujeitos de suas trajetórias e compreender esse processo e sua adequada condução para o bom desenvolvimento e empenho da vida profissional.

c) perder o teoricismo e pensar a prática em face da precarização do mercado de trabalho e das demandas postas à profissão.

d) reconhecer as demandas dos usuários, mas intervir somente com base nos interesses das instituições empregadoras.

Questões para reflexão

1. Com base nos estudos sobre a dimensão técnico-operativa no processo de trabalho do(a) assistente social, disserte sobre a abordagem individual e a abordagem coletiva.

2. Analise as competências e as habilidades requeridas dos(as) assistentes sociais na contemporaneidade.

3. Qual é a diferença entre *abordagem individual* e *abordagem coletiva*?

4. O Movimento de Reconceituação é importante para a compreensão do processo histórico do serviço social. Pesquise a respeito e descreva o que representou a ruptura nesse evento.

5. Qual é o significado da intencionalidade no processo de trabalho do(a) assistente social?

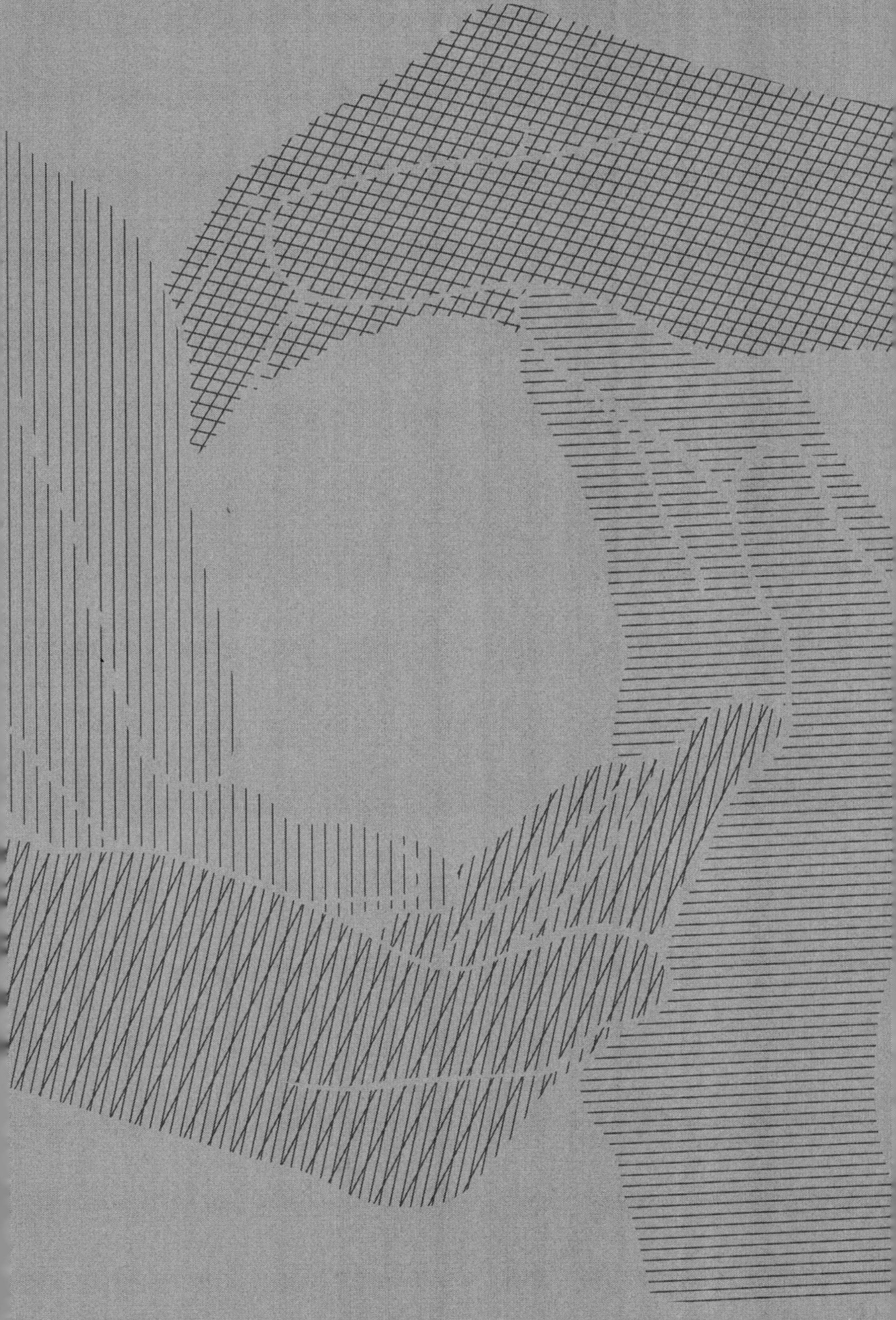

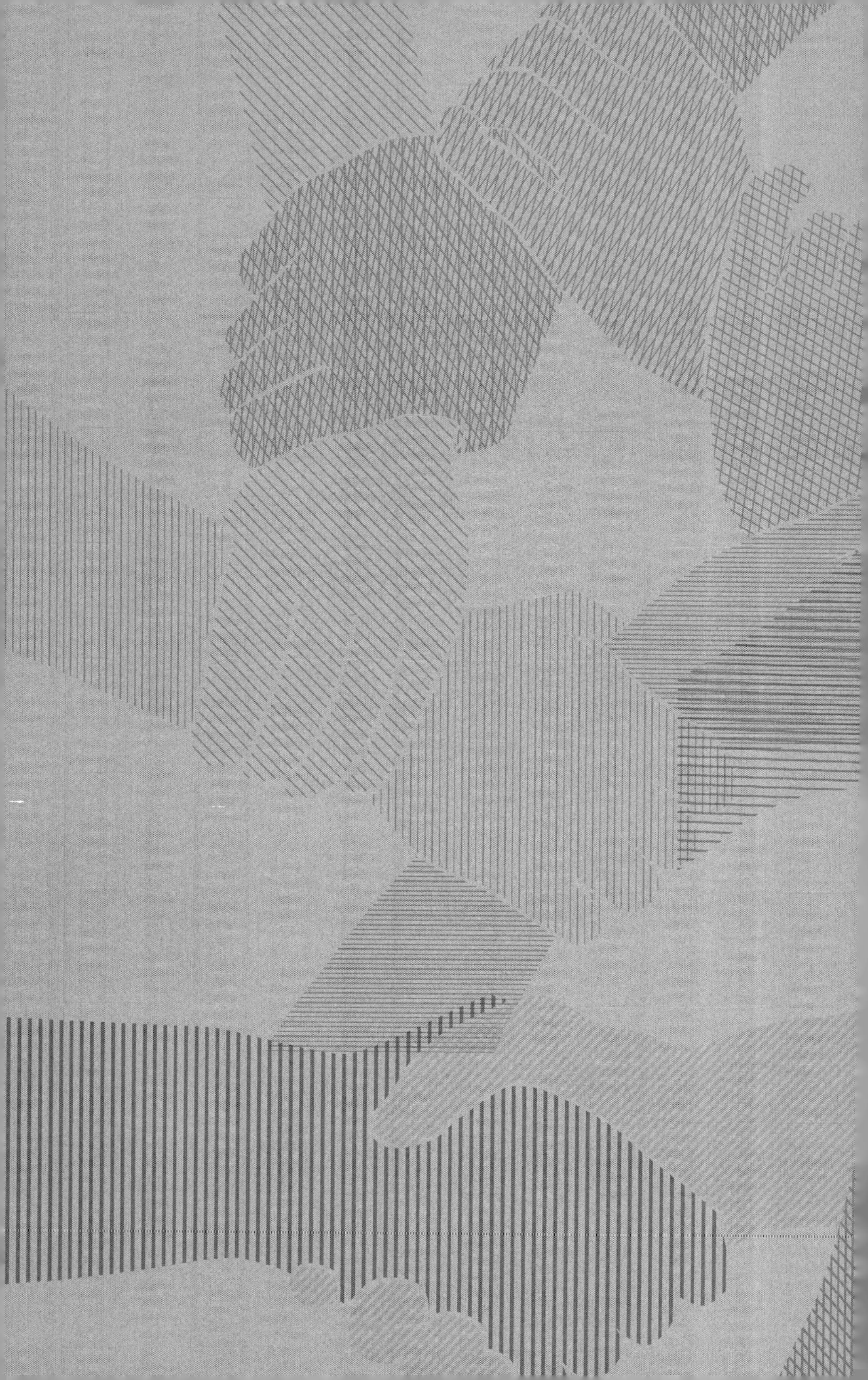

CAPÍTULO 3

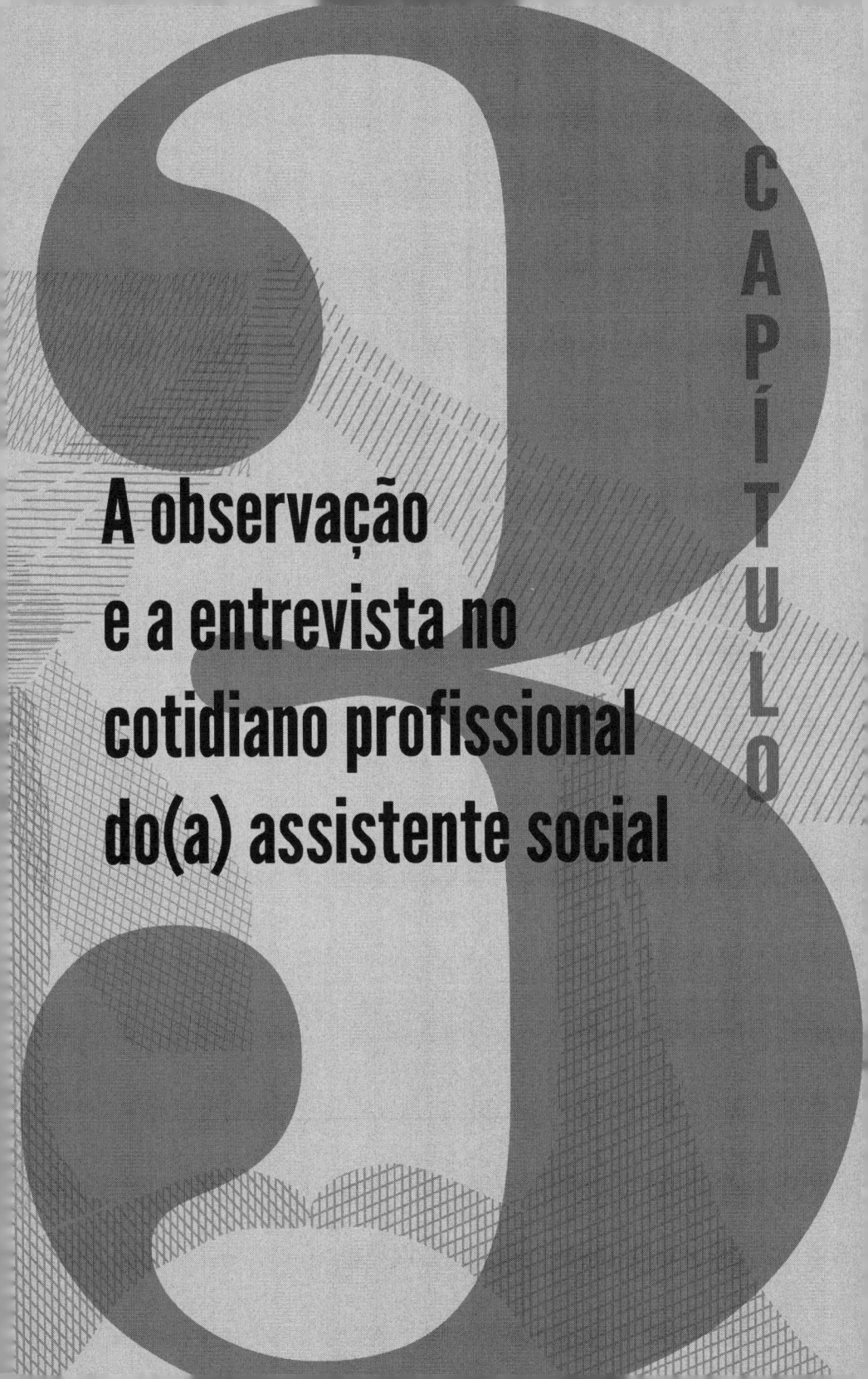

A observação e a entrevista no cotidiano profissional do(a) assistente social

Conteúdos do capítulo:

- A observação no cotidiano de trabalho do(a) assistente social.
- Sistematização e construção da base teórica para a definição do instrumento técnico-operativo.
- Entrevista como instrumento de intervenção.

Após o estudo deste capítulo, você será capaz de:

1. compreender a relevância da observação no processo de trabalho do(a) assistente social;
2. identificar o objetivo e a finalidade da entrevista no cotidiano de trabalho do(a) assistente social;
3. perceber a evolução da entrevista como instrumento de intervenção na realidade social;
4. produzir conhecimentos sobre a condução da entrevista e o registro das informações coletadas.

> *O senhor... mire, veja: o mais importante e bonito, do mundo, é isto: que as pessoas não estão sempre iguais, ainda não foram terminadas – mas que elas vão sempre mudando. Afinam ou desafinam. Verdade maior. É o que a vida me ensinou.*
>
> Rosa, 1995, p. 17

O exercício

profissional do(a) assistente social tem como objetivo alterar o cotidiano dos(as) usuários(as) atendidos(as) nos espaços ocupacionais nos quais atuam. Nesse sentido, os(as) profissionais do serviço social devem adequar as estratégias, os instrumentos e as técnicas aplicadas a fim de ampliar e qualificar o atendimento à população usuária; entre essas técnicas está a observação. O(a) profissional deve imprimir no seu processo de trabalho suas habilidades e competências, construídas com base no conhecimento teórico adquirido, em consonância com o projeto ético-político da profissão. Além da observação, há a entrevista, que favorece o processo de conhecimento da história pregressa e atual do(a) usuário(a) que chega ao serviço social. Esse recurso é utilizado quando da primeira aproximação entre o(a) assistente social e o requerente. Neste capítulo, trataremos desses instrumentos, de seus objetivos e de sua materialização no cotidiano de trabalho do(a) profissional do serviço social. Isso porque se trata de um método utilizado para coleta de dados, investigação, diagnóstico e intervenção de situações demandadas por qualquer componente da equipe, por outras instâncias ou por parte da população usuária.

3.1 Observação

Cabe ao(à) assistente social utilizar a técnica da observação no exercício profissional para conhecer o(a) usuário(a) e a comunicação não verbal de seu corpo, ou seja, a linguagem manifestada pelos gestos e pelas expressões faciais, para aproximar-se da realidade que se propôs a investigar. A respeito da observação, Cruz Neto (1994, p. 60) argumenta que "a importância dessa técnica reside no fato de podermos captar uma variedade de situações ou fenômenos que não são obtidos por meio de perguntas, uma vez que, observados diretamente na própria realidade, os sujeitos transmitem o que há de mais imponderável e evasivo na vida real".

Richardson (1999) destaca que toda observação deve conter uma **parte descritiva** – que se refere à descrição dos(as) usuários(as), à reconstrução dos diálogos e à descrição dos locais observados e de algum evento especial que, porventura, venha a ocorrer –, e uma **parte reflexiva** –, que, por sua vez, diz respeito às verificações do(a) profissional, tais como: inferências, sentimentos, ideias, percepções, preconcepções, surpresas e decepções.

Com relação ao envolvimento do(a) observador(a), existem variações de observação: a participante, a não participante e a sistemática. Conforme Becker (1999, p. 47), a **observação participante** é aquela em que

> O observador participante coleta dados através de sua participação na vida cotidiana do grupo ou organização que estuda. Ele observa as pessoas que está estudando para ver as situações com que se depararam normalmente e como se comportam diante delas. Entabula conversação com alguns ou com todos os participantes desta situação e descobre as interpretações que eles têm sobre os acontecimentos que observou.

Na concepção de Rocha e Eckert (2008), a observação participante é uma técnica investigativa pela qual se propõe reconhecer as ações e as representações coletivas na vida humana, com base em percepções de contrastes sociais, culturais e históricos. De acordo com Sousa (2008, p. 129), essa categoria de observação está presente em todos os demais recursos de intervenção utilizados pelo(a) assistente social.

Dessa forma, o(a) observador(a) tem acesso facilitado às situações nas quais os membros das comunidades se encontram, o que lhe possibilita a compreensão do comportamento dos(as) usuários(as). No entanto, a presença do(a) observador(a) pode gerar certa desconfiança do grupo investigado, o que pode fazer o(a) profissional perder sua objetividade e seu rigor.

Já na **observação não participante**, também conhecida como *observação passiva*, o(a) observador(a) não se integra ao grupo observado. Ele(a) observa os fatos sem participar diretamente deles, agindo como mero(a) espectador(a), não se deixando envolver pelas situações. Nesse tipo de observação, uma situação é vista como ela realmente ocorre, sem interferência do(a) observador(a). Gil (2006) destaca que, nesse tipo de observação, o(a) pesquisador(a) permanece alheio(a) à comunidade ou processo que está pesquisando; em contrapartida, os(as) observadores(as), por vezes, não conseguem acessar dados que poderão ser importantes durante o processo.

As observações ainda podem ser **sistemáticas**, quando o objeto a ser observado, as condições relacionadas e os registros a serem elaborados são **predeterminados**. Essa verificação pode ser externa – quando o(a) pesquisador(a) faz a observação de fora da situação –, participante – quando o(a) pesquisador(a) se insere na situação ou no grupo investigado –, individual ou em equipe. No Quadro 3.1, sintetizamos as formas de observação elencadas até este ponto do texto.

Quadro 3.1 – Tipos de observação

Tipos	Vantagens	Limitações
Participante	• Facilita o rápido acesso a dados sobre situações habituais em que os membros das comunidades se encontram envolvidos. • Viabiliza o acesso a dados que a comunidade ou o grupo considera de domínio privado. • Possibilita captar as palavras de esclarecimento que acompanham o comportamento dos(as) observados(as).	• Pode significar uma visão parcial do objeto estudado. • Pode gerar desconfiança do grupo investigado diante do(a) pesquisador(a).
Não participante	• Permite a obtenção de elementos para a definição do problema de pesquisa. • Favorece a construção de hipóteses acerca do problema do(a) pesquisador(a). • Facilita a obtenção de dados sem que haja querelas ou suspeitas entre os membros das comunidades, dos grupos ou das instituições que estão sendo estudadas.	• É canalizada pelos gostos e pelas afeições do(a) pesquisador(a). Muitas vezes, sua atenção é desviada para o lado pitoresco, exótico ou raro do fenômeno. • O registro das observações depende, frequentemente, da memória do(a) investigador(a). • Dá ampla margem à interpretação subjetiva e parcial do fenômeno estudado.
Sistemática	• Facilidade na análise do material coletado.	• O(a) pesquisador(a) está impossibilitado(a) de ocultar a realização da pesquisa. • Necessidade de tempo e preparação prévia das categorias a serem analisadas.

Fonte: Elaborado com base em Gil, 2006, p. 42-45.

3.2 Entrevista

A entrevista é um instrumento de intervenção que permite conhecer a realidade; é, portanto, aplicada para a compreensão do universo, das representações, dos valores, dos significados, da concepção de ser social e de mundo. Na concepção de Benjamin (2002, p. 30): "a entrevista de ajuda é mais uma arte e uma habilidade do que uma ciência, e cada artista precisa descobrir seu próprio estilo e os instrumentos para trabalhar melhor".

A aplicação desse processo de conhecimento se inicia no primeiro contato com o(a) usuário(a) e se mantém até que o(a) assistente social entenda que detém dados suficientes para a compreensão da demanda que se propôs a solucionar. Nesse processo, o(a) profissional precisa relacionar a entrevista com a totalidade do contexto social, ou seja, o real é desvelado no relacionamento e no diálogo, sendo necessário decodificar e ressignificar os dados apreendidos na intervenção. Nas palavras de Richardson (1999, p. 207), "a entrevista é uma técnica importante que permite o desenvolvimento de uma estreita relação entre as pessoas. É um modo de comunicação no qual determinada informação é transmitida de uma pessoa à outra".

Trata-se de um processo dinâmico, no qual nunca se conhece o todo, mas parte do todo, que deve constantemente ser avaliado no contexto. Sousa (2008) destaca que na entrevista o(a) usuário(a) pode exprimir suas ideias, vontades, necessidades; em outros termos, é um momento em que ele pode ser ouvido, por mais que seja lícito que o(a) entrevistador(a) não venha a "concordar com tudo o que ele diz" (Sousa, 2008, p. 127).

Esse processo interventivo, de acordo com Giongo (2002), pressupõe um **plano de ação** baseado em estratégias metodológicas, pois, de acordo com Jurema Alves Pereira da Silva (1995), entrevistar é mais do que apenas conversar; essa atividade, para possibilitar o planejamento da ação, requer um rigoroso conhecimento teórico-metodológico. Cabe salientarmos que existem diferentes tipos de entrevistas, tais como: entrevista jornalística, entrevista psicológica, pesquisa e intervenção social. Na prática, a entrevista obedece ao processo esquematizado na Figura 3.1.

Figura 3.1 – Compreensões visadas pela entrevista

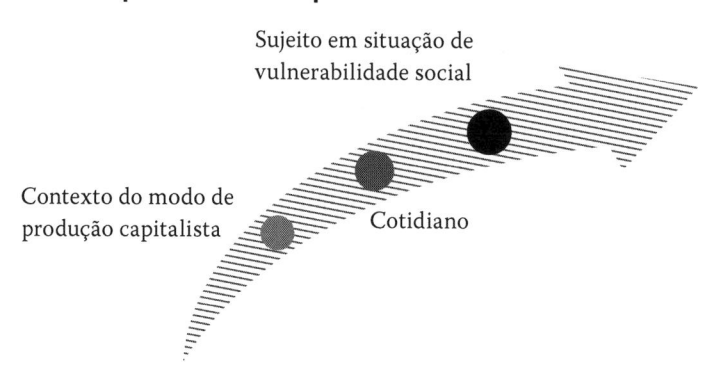

Sujeito em situação de vulnerabilidade social

Contexto do modo de produção capitalista

Cotidiano

No cotidiano, a entrevista favorece a formação de um elo de confiança e a compreensão da situação em que o(a) usuário(a) está inserido(a). Portanto, as entrevistas são instrumentos de apropriação, abordagem e aproximação com o(a) usuário(a) – sempre como espaço de escuta, pois, segundo Benjamin (2002, p. 136), "o entrevistado falará se lhe for dada a oportunidade". Türck (2003, p. 16) corrobora:

> O assistente social tem que desenvolver, junto à escuta sensível, o processo de observação. Necessita estar atento à linguagem que emana do silêncio, através da compreensão de que as relações vão se constituindo no espaço afetivo e vão sendo contextualizadas na conduta afetiva do indivíduo-sujeito, de se colocar no lugar do outro, de ampliar a capacidade de acolhimento de compartilhamento e de solidariedade.

Sperotto (2009, p. 97), por sua vez, assinala:

> Pode se considerar a escuta uma das intervenções mais importantes, principalmente no momento de uma entrevista individual, pois surgem várias situações que muitas vezes no grupo não são relatadas. A escuta não é somente ficar quieto ouvindo o que o outro tem a

falar; no processo de trabalho a escuta envolve a compreensão, com possíveis intervenções a partir das falas.

A escuta faz surgir oportunidades de criar alternativas com os(as) usuários(as) para as situações por eles apresentadas. Dessa forma, o(a) assistente social busca orientar as pessoas atendidas para que possam fazer suas escolhas a fim de melhorar a qualidade de suas relações sociais e familiares e acessar seus direitos sociais, tendo clareza sobre suas fragilidades, potencialidades, cultura e crenças.

Cabe salientarmos que a abordagem da entrevista requer observar, saber ouvir, saber perguntar e desenvolver uma conversação dialógica. Minayo (1994) destaca a importância da observação como forma complementar de captação da realidade empírica. Conforme Prates (2004, p. 132), observar não é simplesmente olhar, mas destacar de um conjunto aquilo que é específico, prestar atenção em suas características; em outras palavras, é **abstrair do contexto as dimensões singulares**.

A entrevista é um dos instrumentos de trabalho do(a) assistente social que possibilita conhecimento mútuo, uma troca, em uma relação entre o(a) profissional e o(a) usuário(a) (saber o que é meu e o que é do outro), viabilizando a construção de vínculos, de confiabilidade numa prática reflexiva. Convém ressaltarmos que, como alguns(mas) usuários(as) são encaminhados(as) ao serviço social pelas instituições que compõem a rede, esse recurso pode gerar desconforto, desconfiança e até resistência inicial. Por essa razão, nem sempre a entrevista é demandada diretamente pelos(as) usuários(as) que compareçem espontaneamente para atendimento.

Segundo Vasconcelos (1997), a prática reflexiva está articulada aos interesses e às necessidades da população que demanda os serviços sociais, envolvendo dois sujeitos: usuários(as) e profissionais. Desse modo, essa iniciativa tem por base a socialização de informação como maneira de indagar sobre a realidade social; ou seja, pressupõe desvelar o real mediante relacionamento e diálogo. Como explicitamos em outros pontos desta obra, a prática reflexiva politiza as demandas dirigidas ao serviço social ao democratizar informações necessárias e fundamentais para que os(as) usuários(as) tenham acesso a serviços e recursos como direitos sociais, na busca da superação da práxis cotidiana, contribuindo para o fortalecimento dos envolvidos no processo, como sujeitos políticos coletivos.

Vasconcelos (1997) cita nove momentos que, nas suas inter-relações, conexões, concomitâncias e interdependências, são fundamentais para a realização da prática reflexiva:

- **Contrato de trabalho** – Consiste no primeiro contato entre o(a) profissional e o(a) usuário(a), determinante no rumo que se pretende conferir à prática profissional, considerando possíveis repercussões e tendo em vista a demanda posta pelos(as) usuários(as).
- **Perguntas formuladas com base no material comunicado pelos(as) usuários(as)** – É aconselhável dar prioridade à análise do material informado pelos(as) usuários(as).
- **Devolução das perguntas que são dirigidas ao profissional** – É necessário ter em mente que responder de imediato às perguntas não favorece a reflexão e pode desencorajar a formulação de respostas dos entrevistados.
- **Repetição da comunicação para que o sujeito possa ouvir o que disse** – Deve-se repetir o discurso do entrevistado na íntegra com o intuito de que o sujeito ouça a si mesmo e obtenha consciência acerca dos fatos narrados.
- **Sumarização e devolução de questões manifestadas pelo(a) usuário(a) em entrevista ou reunião facilitam análises e encaminhamentos** – Por vezes, a entrevista tem mais a função de aliviar os fatores estressantes do que de fornecer dados para a investigação e esclarecimentos.
- **Uso de analogias** – Refere-se a comparações ao que está sendo tratado na entrevista para facilitar a reflexão.
- **Socialização de informações por parte do(a) assistente social** – Cabe ao(à) entrevistador(a) criar possibilidades para que os(as) usuários(as) ou entrevistados(as) articulem as informações e o conhecimento que detêm com o saber ofertado pelo(a) profissional.

- **Sinalização das contradições** – Deve-se buscar clareza na narrativa do(a) usuário(a), ou seja, requerer informações mais claras quando necessário.
- **Silêncio** – Há momentos de silêncio que permeiam o processo interventivo. Nesse caso, é preciso entendê-lo – O assunto se esgotou? Trata-se de uma pergunta fechada? Um julgamento? Um processo reflexivo?

Vasconcelos (1997) menciona ainda outros elementos da prática reflexiva:

1. **Valorização da reflexividade[1] sobre a intervenção desenvolvida e da autorreflexividade[2] sobre o sujeito, que a desenvolve e permite a emergência de aspectos subjetivos** – É comum que a subjetividade do(a) profissional fique encoberta na busca pela objetividade que as práticas científicas exigem. Cada sujeito é único, tem suas próprias referências, ou seja, valores, conceitos, crenças e percepções. A realidade não se mostra de forma imediata, concreta, absoluta; sua leitura ou percepção depende daqueles que a veem e descrevem. Assim, cada um capta, interpreta e assimila a realidade fundamentando-se em seu próprio circuito interno.

2. **Reconhecimento de que a metodologia e os procedimentos de intervenção não são definidos *a priori*** – Não se trata de negar a existência de situações semelhantes diante das quais se pode buscar os mesmos recursos, mas de evitar o risco de recair em compreensões diagnósticas generalizantes que tendem a produzir práticas prescritivas e autoritárias. Deve-se perceber elementos não previsíveis na escuta sensível, na conversação dialógica e na observação atenta.

---

[1] *Reflexividade* refere-se à atitude de análise crítica permanente e espírito investigativo que ocorre concomitantemente com a autorreflexividade.

[2] *Autorreflexividade* é a atitude de auto-observação permanente e em sintonia com o que acontece dentro de si mesmo ao longo das intervenções, das discussões em equipe, entre outros momentos. É possível, mediante atitude coletiva, participativa e solidária, observar um sujeito que observa a si mesmo enquanto observa o outro, faz crítica construtiva e está aberto a ouvir e a crescer com as construções dos colegas.

3. **Opção pela ideia de relação prático-teórica ao invés de teórico-prática nesse momento da formação e da intervenção profissional** – É o aprender fazendo que instiga o(a) discente do serviço social a produzir conhecimento em cada intervenção de forma articulada com os conhecimentos teóricos prévios da profissão. Isso demonstra que as competências profissionais são complementares e interdependentes.

3.3 A entrevista nos processos de trabalho do(a) assistente social

Para Kisnerman (1978), a entrevista é um meio de trabalho que permite estabelecer uma relação profissional, um vínculo intersubjetivo e interpessoal entre duas ou mais pessoas; o que diferencia seu uso são a maneira e a intenção de quem a pratica. Essa ferramenta requer do(a) assistente social capacidade para a escuta qualificada, a observação, o saber perguntar e prestar esclarecimentos por meio de uma linguagem[3]. Portanto, é fundamental utilizar uma linguagem simples e objetiva nas orientações prestadas aos usuários e certificar-se de que foi compreendido(a). Isso denota o respeito do(a) profissional pela capacidade da pessoa entrevistada. Essa postura reflete no interesse dispensado ao que é dito pelo(a) usuário(a), aos seus sentimentos, valores, crenças, concepções. Essa iniciativa indica isenção de julgamento e humildade para aprender centrada no

---
3 "A linguagem é um meio de transmissão de informação, mas serve também para bloqueá-la; sempre revela uma identidade com a classe social a que o entrevistado pertença [...]. Para poder compreendê-las é preciso colocar-se em situação (empatia), pensando o quanto para muitas pessoas lhes custa se expressar em relação aos seus problemas e as suas necessidades" (Kisnerman, 1978, p. 26).

sujeito, enfim, uma compreensão destinada ao outro, à sua significação e à sua história de vida.

De acordo com Guerra (2014), consideram-se os seguintes fatores como prováveis dificuldades para a realização da entrevista:

- **Conduta do(a) entrevistador(a)** – O(a) profissional do serviço social não segue os princípios éticos; foge dos objetivos da entrevista ou do diálogo central; deixa o(a) entrevistado(a) aguardando por muito tempo; angustia-se com a situação apresentada ou demonstra querer finalizar rapidamente a entrevista com interrupções seguidas e afirmações sobre escassez de tempo; cria expectativas que não pode cumprir; fala mais que o(a) entrevistado(a), monopolizando a entrevista. Essas atitudes comprometem as possibilidades de atuação, além da coleta de informações e o esclarecimento aos(às) entrevistados(as).

- **Conduta do(a) entrevistado(a)** – O(a) entrevistado(a) pode demonstrar uma resistência inicial para expor sua situação ou demanda; pode ter medo do desconhecido ou até mesmo não se sentir suficientemente compreendido(a) e valorizado(a). Nesses casos, o primeiro passo da entrevista deve consistir na identificação do objeto e no esclarecimento da intenção da entrevista para o(a) usuário(a). Em seguida, o(a) entrevistador(a) deve averiguar se a pessoa questionada está compreendendo as perguntas, que devem ser explicadas em uma linguagem clara. No cotidiano de trabalho, a entrevista pressupõe transcender possíveis inferências, o uso do senso comum e pré-conceitos – em especial, rótulos que podem recair sobre as famílias, tais como: *desorganizadas, conflituosas, fragilizadas*, não raro, até *culpabilizadas*. Nesse tipo de atendimento, é fundamental a compreensão dos fenômenos societários e suas repercussões sobre a vida dos sujeitos; o(a) entrevistador(a) também deve ter em mente que, para proteger, a família necessita também ser protegida nos seus direitos.

- **Limites institucionais (regras de inclusão e exclusão, aceitação do instituído), demanda (solicitação de coletividade, espera longa para atendimento, falta de tempo, escassez de profissionais *versus* demanda) e contradições presentes** – Esse processo de conhecimento representa um desafio para o(a) assistente social na elaboração de críticas aos fundamentos da cotidianidade, tanto daquela em que ele(a) se encontra inserido(a) quanto da do cotidiano dos sujeitos sociais a quem presta serviços.

> A entrevista não é um jogo de perguntas e respostas ou interrogatório; uma prática burocratizada; não é apenas preencher uma ficha; um encontro casual ou uma conversa entre amigos; não se reduz à transmissão de informação; não é para vasculhar ou fiscalizar a vida dos(as) usuários(as) ou colher dados e arquivá-los; uma discussão ou discurso do(a) entrevistador(a); uma entrevista jornalística; busca de um diagnóstico patológico; não se restringe a uma anamnese, confissão e terapia; cuidado com a ação de encaminhar; não privilegia uma relação verticalizada. (Guimarães, 2006)

A postura do(a) profissional deve ser de escuta e de uma posterior aproximação e análise da realidade tal qual o(a) usuário(a) a vê. Essa abordagem torna possível uma redefinição e um levantamento de possíveis soluções, a serem feitos em conjunto com o(a) usuário(a) para incentivá-lo(a) a resolver seus problemas utilizando os recursos pessoais internos e os externos da estrutura pública e dos serviços aos quais tem direito. É importante fortalecer essa inter-relação para a confiança do(a) entrevistado(a). Todo esse processo, conforme Türck (2002), é efetivado quando o(a) assistente social durante a escuta volta sua atenção para seu(sua) interlocutor(a) para compreendê-lo(a) intelectual e afetivamente.

Dessa maneira, o(a) usuário(a) pode optar por participar ou não desse processo. Além disso, esse processo deve ser conduzido de modo que permita demarcar a diferença de papéis dos participantes envolvidos: o(a) usuário(a) fala de si e de seu contexto, enquanto o(a) assistente social faz as perguntas para compreender a situação.

Espera-se do(da) profissional o bom senso de perceber o melhor momento para encaminhar procedimentos de rotina, respeitando a situação em que se encontra o(a) usuário(a), tais como encaminhamento para outros serviços que compõem a rede; ofício aos órgãos do judiciário; discussão de caso, entre outros. Essa postura está associada às mudanças desejadas no atendimento ao(à) usuário(a), ou seja, consiste em possibilitar ao(à) entrevistado(a) a capacidade de construir alternativas que lhe permitam agir com mais êxito.

3.4 Algumas questões norteadoras para a entrevista do serviço social[4]

A entrevista é o momento de estar com o(a) usuário(a) ou entrevistado(a) e conhecer aspectos de sua realidade social, bem como das relações familiares e comunitárias que ele(a) mantém. De maneira geral, são abordados nas entrevistas os seguintes temas:

- histórico da constituição familiar, da vida pregressa dos sujeitos envolvidos e da composição familiar;
- motivo que gerou o atendimento;
- situação socioeconômica familiar;
- situação habitacional, de saúde, educacional e de participação social e comunitária;
- expressões da questão social;
- faixa etária dos membros, escolaridade, experiências profissionais, inserção em projetos e programas sociais, acesso aos serviços disponíveis na rede.

---
4 Dados elaborados com base em Minuchin (1999, citado por Giongo 1999).

Benjamin (2002) destaca que a entrevista tem três estágios principais no que se refere à **demanda sistemática**, isto é, ao acompanhamento contínuo:

1. Inicialmente, tem-se o esclarecimento do motivo e dos objetivos da entrevista, o que pode ocorrer por iniciativa do(a) entrevistador(a) ou do(a) entrevistado(a). Ainda nessa etapa, há o estabelecimento de um contrato de trabalho, da retomada dos encontros anteriores e das combinações (plano de atendimento acordado entre o(a) usuário(a) e o(a) assistente social.
2. Em seguida, tem-se o desenvolvimento ou a exploração, quando o assunto passa a ser tratado conforme o interesse do(a) entrevistado(a). Nessa etapa, registram-se os dados mais significativos de acordo com os princípios éticos da profissão, fazem-se novas combinações, estabelece-se a conexão entre os fatos e recolhem-se elementos para análise.
3. Por fim, é feito o encerramento, traduzido no fechamento da entrevista com uma breve recapitulação do que foi discutido, com o propósito de se obter um acordo do que deverá ser providenciado ou encaminhado. Faz-se nesse momento a retomada do combinado e informa-se data, horário, local da entrevista seguinte quando for necessário o acompanhamento sistemático.

Na entrevista referente à **demanda rotativa**, o(a) entrevistador(a) deve informar ao(à) usuário(a) o funcionamento da instituição, bem como ouvir e compreender o motivo que gerou a procura pelo serviço. Esse primeiro procedimento é sucedido por um momento mais instrutivo, com informações sobre serviços, rotinas e recursos institucionais. No fechamento, o(a) entrevistador(a) deve recapitular o que foi discutido na entrevista, colocar-se à disposição para futuros contatos e dar encaminhamento à demanda apresentada.

A entrevista, na cotidianidade do trabalho do(a) assistente social, é uma constante nas seguintes situações:

- na Previdência Social (para a concessão de benefícios, recursos materiais e subsídio à decisão médico-pericial);
- na área da saúde (para o acesso a determinados serviços como oxigenoterapia, transporte social e tratamento fora de domicílio);

- nas empresas privadas (situações de adoecimento, aposentadoria e educação permanente, por exemplo);
- na assistência social (para acesso aos programas de transferência de renda, medidas socioeducativas (liberdade assistida, prestação de serviços à comunidade);
- nos serviços voltados ao acolhimento institucional (avaliação socioeconômica, negligência, manutenção das relações familiares das pessoas idosas, crianças e adolescentes ou mulheres em situação de violência), entre tantos outros.

3.4.1 Natureza das perguntas

Quanto à tipologia, as perguntas que devem ser usadas na entrevista podem ser **exploratórias**, quando justificam, explicam, exemplificam, ou **abertas**, quando permitem ao(à) entrevistado(a) várias possibilidades, alargam seu campo perceptivo, suas concepções, opiniões, pensamentos, sentimentos, podendo ampliar e aprofundar o contato, proporcionando um relacionamento aberto.

No que se refere às questões direcionadas aos(às) usuários(as) dos serviços sociais, deve-se dar enfoque à **vida familiar** do indivíduo: Quem são os membros que compõem a família? Quem são as pessoas apoiadoras e que prestam algum auxílio à família (por exemplo, idosos que contam com os vizinhos para irem até a farmácia retirar seus medicamentos ou até uma consulta de saúde). Como vivem? Como se relacionam? Como se sustentam econômica-financeiramente?

Também devem ser levadas em conta perguntas relacionadas à escolarização e aos serviços da rede que os usuários acessam (por exemplo, Centro de Referência de Assistência Social – Cras, Unidade Básica de Saúde, associação de bairro, entre outros).

O(a) entrevistador(a) também deve considerar o **motivo ou a questão** que faz a pessoa buscar ajuda: Por que está aqui? Qual é a razão da procura, segundo a família? Algum membro da família tem opinião diferente? Quando a situação começou a ser percebida? Algo estava acontecendo, na vida do(a) usuário(a) e da família na mesma época? Quem mais é ou foi afetado pela situação? Como? Que alternativas foram experimentadas? Qual foi o envolvimento da rede de assistência ou o sistema educacional, médico, jurídico no trabalho com a família ou o(a) usuário(a)? Esse atendimento tem sido proveitoso?

A entrevista também precisa permitir a verificação de situações de cooperação e de conflitos dentro da unidade familiar: Qual é a história da família? Há possibilidades de apoio? Há situações de conflito que podem comprometer a cooperação e a colaboração nas relações familiares? Quais circunstâncias geram tensão e conflito? De que tipo de família se trata (nuclear, monoparental, homoafetiva, extensa)? Em qual ciclo de vida familiar os indivíduos se encontram (jovens solteiros saindo de casa; jovem casal; com filhos pequenos; com filhos adolescentes; estágio do ninho vazio; estágio tardio da vida)? Há repetição de determinada história de vida (gravidez precoce, drogadição, violência intrafamiliar, entre outros)?

O(a) assistente social também precisa **considerar as expectativas e o papel da família**: O que a família espera desse serviço? Qual é sua prioridade? Como os membros da família são uma parte importante do trabalho, deve-se perguntar quem, de acordo com a perspectiva da família, é adequado(a) para participar das entrevistas com o serviço social.

3.4.2 Entrevista não estruturada

Conforme Kisnerman (1978, p. 26), a entrevista não estruturada "permite qualificar dados com o entrevistado [...], capacitar, avaliar, orientar, informar, reforçar a autoestima e gerar participação [...]. O entrevistador perscruta motivos, razões, conversa esclarecendo situações com o entrevistado, mas sem uma estrutura formalizada". Esse tipo de entrevista, por oferecer maleabilidade e autonomia, possibilita ao(à) assistente social elencar diversos assuntos e objetivos.

A entrevista com perguntas fechadas é mais restritiva, limita a uma resposta específica, restringe o campo perceptivo, exige fatos objetivos, limita o contato, mantém um relacionamento fechado, é direta e objetiva. As perguntas indiretas, por sua vez, são feitas de maneira mais informal, geralmente sem um ponto de interrogação no final; mesmo assim, fica claro que a pergunta está sendo realizada, e uma resposta, procurada.

Outro aspecto que merece atenção do(a) entrevistador(a) recai sobre a resposta e a devolução das perguntas nesse processo, ou seja, a resposta enseja outra pergunta, conduzindo o(a) usuário(a) à reflexão. É possível que o(a) profissional tenha de repetir a pergunta quando for necessário, fornecendo as informações de que o entrevistado necessita.

Cabe, nesse contato, evitar perguntas que possam afetar a comunicação entre entrevistador(a) e entrevistado(a), tais como: questões duplas – aquelas que possibilitam duas alternativas de resposta para o(a) entrevistado(a), pois podem gerar confusão; pessoais, que têm como objetivo satisfazer exclusivamente a curiosidade pessoal; perguntas no estilo pingue-pongue ou bombardeio – quando várias perguntas são enunciadas ao mesmo tempo, gerando confusão, ou quando são feitas novas perguntas antes mesmo de o entrevistado ter concluído a resposta da questão anterior, podendo provocar uma fala sobreposta; e perguntas adiantadas, ou seja, antes mesmo de o entrevistado indicar aquela questão.

Benjamin (1998) menciona alguns tipos de respostas:

- **Silêncio** – A resposta é não verbal, mas pode expressar variados significados e representações.
- **Interjeição do tipo "ahã"** – Geralmente considerada como abertura, mas pode sugerir críticas ao longo da conversação.
- **Repetição** – Quando o(a) entrevistador(a) repete as palavras do(a) entrevistado(a) em seu discurso, o que permite ao(à) usuário(a) ouvir-se, partindo do pressuposto de que isso poderá auxiliá-lo, encorajá-lo a continuar expondo suas ideias, examinando e observando com mais profundidade.
- **Elucidação** – Esclarecimento do(a) entrevistador(a) ao entrevistado sobre o que este último disse ou tentou dizer, como se o(a) profissional estivesse traduzindo as palavras do(a) usuário(a).

Destacamos ainda respostas que auxiliam o(a) entrevistado(a) a refletir, trazendo à tona sentimentos e atitudes que ficam velados no não dito:

- **Interpretação** – Ocorre quando se interpreta o que se entende da comunicação do(a) entrevistado(a) ou quando se interpreta o ponto de vista do(a) entrevistador(a).
- **Explicação** – É a afirmação descritiva que tende a ser impessoal, lógica e positiva.
- **Encorajamento** – Auxilia o(a) usuário(a) a se aproximar da realidade e de seu próprio eu, explorando a situação presente e determinando suas metas futuras.
- **Pressão** – Reforça a tomada de decisão considerando-se aspectos práticos de uma discussão ou situação.

3.4.3 *Kit* atendimento

Guimarães (2006) afirma que o(a) assistente social deve evitar o *kit* atendimento, isto é, a abordagem que contém as seguintes características:

- **Preconstruído culturalmente** – Conteúdo estruturado sobre o senso comum; já dado, já dito, com base em ideias estereotipadas e preconceituosas. Esse tipo de atendimento envolve informações, opiniões e mecanismos de reprodução ideológica.
- **Linha de pensamento umbilicado** – Ação que precede outras; não é nova, sendo centrada no pensamento do(a) profissional, e não do(a) usuário(a); não permite a percepção da ideia e do posicionamento do outro; segue exclusivamente a lógica do(a) profissional, preestabelecida, perseguida do início até o fim. É baseada em um diagnóstico previamente estabelecido.
- ***Kit* discurso** – Discursos elaborados previamente e automatizados que impedem questionamentos e reflexões; tendência à imitação e à reprodução de situações já vivenciadas. Utiliza-se de um modelo ou receita de intervenção, com atendimentos super-rápidos.
- **Dicotomia entre pensamento e ação** – Distanciamento entre fala e execução; ausência de preocupação com a gênese dos

fatores; dicotomia entre teoria e prática; o correto é sempre o verdadeiro; baseado somente no empírico; práticas não questionadas. Ocorre quando a prática se torna um fim em si mesma, ou seja, os conhecimentos e procedimentos não são renovados; os atendimentos são imediatistas e não possibilitam momentos de reflexão sobre o processo de trabalho.

Jurema Alves Pereira da Silva (1995, p. 51) reforça essa concepção sobre a entrevista e considera esse instrumento "um dos meios de que os assistentes sociais se utilizam para proceder ao seu fazer profissional, que não deve finalizar-se naquele momento, porém indicar outras possibilidades de atuação". Convém ressaltarmos que, na entrevista, a coleta de dados é preenchida e documentada em uma ficha[5], com o intuito de subsidiar futuras intervenções e possíveis encaminhamentos a outros serviços que sejam de interesse do(a) usuário(a).

A documentação serve para subsidiar as ações profissionais ao conter a descrição exata do que ocorreu no uso das abordagens individuais ou coletivas; desvendar a questão social na vida do sujeito; contextualizar o uso dos instrumentais operativos que concretizam o processo de trabalho, ou seja, favorecer a intervenção para a superação dessas situações de violação de direitos. O registro pode ser efetivado em relatório processual descritivo ou condensado. Conforme Jurema Alves Pereira da Silva (1995, p. 52):

> Através de uma coleta de dados consistente, é possível para o Serviço Social obter legitimidade e sensibilizar a postura de outros profissionais diante das demandas trazidas [...], podendo contribuir para que a equipe estabeleça prioridades no atendimento, sem, contudo, caracterizá-lo por critérios de elegibilidade, motivo de exclusão de usuários do seu direito.

Sendo assim, um dos passos significativos da utilização dos instrumentos no exercício profissional refere-se ao **registro** das informações coletadas.

---

5 No Apêndice 1, ao final desta obra, consta um modelo de roteiro de entrevista inicial do serviço social.

O **relatório processual condensado** consiste na contextualização da situação e no registro dos elementos considerados importantes para a compreensão da situação. Nesse documento, consideram-se os objetivos da entrevista, a intencionalidade da intervenção e as informações que podem favorecer a compreensão da situação, tais como os processos sociais, particulares, e os elementos da subjetividade dos sujeitos atendidos. Segundo Scheunemann et al. (2010, p. 96), esse relatório pressupõe

> uma descrição focada sem perder a dimensão do todo. Destaca os elementos que o profissional julga mais importantes, mas sem detalhá-los. Nesse tipo de relatório a preocupação está em ser objetivo e claro, em "ir direto ao ponto", sem ser generalista e superficial e, ao mesmo tempo, sem ser parcial e segmentado. A finalidade é trazer os elementos que conduzem a uma conclusão. Não há a preocupação em fornecer detalhes para estimular outras perspectivas, possibilidades, alternativas e conclusões.

Já o **relatório processual descritivo** compreende uma descrição pormenorizada, a narrativa explícita dos acontecimentos e o detalhamento da forma de intervenção. Contempla a narrativa da entrevista, a análise da situação conhecida e dos sentimentos relacionados à situação. Na concepção de Scheunemann et al. (2010, p. 96):

> Os descritivos "descrevem", "apresentam" o que aconteceu, sem preocupação maior com uma reflexão analítica do acontecido. Literalmente "relatam". Operam mais com o conhecimento sensível. Esse conhecimento está ancorado na experiência, na vivência. Compreende aquilo que é apreendido pelos sentidos do usuário e do profissional. Não há um distanciamento entre os fatos vividos e aquele que os vive. Esse tipo de relatório contribui na "visualização", "identificação" e "caracterização" de todos os elementos que o usuário traz "misturados".

No serviço social, independentemente da escolha do relatório a ser registrado, existem informações comuns, ligadas aos seguintes detalhes:

- dados de identificação do(a) usuário(a) ou da família atendida;
- intencionalidade da intervenção;

- demanda para o serviço social;
- expressão da questão social;
- natureza das estratégias metodológicas (individual, coletiva, rede);
- instrumentos técnicos (visita domiciliar, visita institucional, reunião, entrevista, grupo, observação, mediação de rede, entre outros).

O registro das questões relativas aos sentimentos despertados no atendimento ao(à) usuário(a) ou à família fica a critério do(a) profissional. Contudo, um ponto importante é que a documentação deve fornecer ao(à) assistente social subsídios para a avaliação e o planejamento, bem como a previsão de ações futuras que garantam o acesso a bens e serviços sociais à população usuária.

Para saber mais

Filme

PRECIOSA: uma história de esperança. Direção: Lee Daniels. EUA: Playarte Pictures, 2009. 109 min.

O filme revela a violação de direitos da criança e do adolescente, abordando o fenômeno da violência familiar, os maus-tratos emocionais e os abusos que afetam a vida da personagem central. Todos esses problemas são relatados a uma assistente social em uma abordagem individual, por meio da entrevista e da construção de uma relação baseada na confiança.

Livro

BENJAMIN, A. **A entrevista de ajuda**. 13. ed. São Paulo: M. Fontes, 2011.

O autor apresenta a evolução do conceito de entrevista *segundo diferentes perspectivas, além das condições necessárias para realizá-la, os estágios previstos desde o ingresso do(a) entrevistado(a) no ambiente, o tempo e o registro da entrevista. Também indica que perguntas devem ser feitas, e comenta temas como escuta sensível, obstáculos e dificuldades no processo de comunicação e conduta ética.*

Síntese

Abordamos neste capítulo a importância da observação no cotidiano de trabalho do(a) assistente social como recurso para conhecer o(a) usuário(a), a família ou a comunidade e, consequentemente, compreender suas demandas sociais. Demonstramos que essa estratégia se efetiva pela comunicação, envolvendo o(a) assistente social e o(a) usuário(a), geralmente por meio de uma entrevista. Esse instrumento de intervenção possibilita o esclarecimento de informações que possam viabilizar o acesso dos(as) usuários(as) aos bens e serviços disponíveis, além do planejamento de novas ações profissionais.

Questões para revisão

1. O que é uma entrevista e qual é sua relação com a ação do(a) assistente social no exercício profissional?

2. Quais são os principais obstáculos na condução de uma entrevista? Cite-os e comente-os.

3. A entrevista é um dos instrumentais de ação do(a) profissional do serviço social, que necessita de condições favoráveis para utilizar-se dessa ferramenta, quais sejam:
   a) condições externas que favoreçam interferências e interrupções; a utilização de um *kit* discurso e ideias preconcebidas.
   b) intervenção instrutiva, com informações sobre serviços, rotinas e recursos institucionais aos(às) usuários(as); recapitulação do que foi discutido no fechamento da entrevista; disposição para futuros contatos e encaminhamento à demanda apresentada.
   c) perguntas ao(à) entrevistado(a) sobre as informações necessárias para preenchimento dos relatórios e formulários, cumprindo a formalidade.
   d) preenchimento dos formulários em detrimento das demandas e dos anseios do(a) usuário(a), cumprindo com o fator *tempo*.

4. A observação se faz imprescindível em qualquer intervenção, pois é o olhar minucioso sobre um fenômeno a base de toda investigação no campo social (Richardson, 1999). Uma das vantagens dessa estratégia é o fato de que:
   a) a observação permite chegar mais perto das perspectivas dos sujeitos; descobrir aspectos novos de um problema ou de uma situação e permitir a evidência de dados não constantes do roteiro de entrevistas ou de questionários.
   b) os observados tendem a criar impressões favoráveis ou desfavoráveis no observador, o que favorece a interpretação pessoal ou o juízo de valor.
   c) vários aspectos da vida cotidiana, particular, podem não ser acessíveis ao observador.
   d) o observador pode provocar alterações no comportamento do grupo observado.
   e) comprometer a coleta de dados em situações em que o grupo observado sente-se invadido, exigindo menos do observador do que outras técnicas.

5. Com base na leitura deste capítulo, assinale a alternativa em que se apresentam os tipos de observação possíveis na prática profissional do(a) assistente social:
   a) Julgamento, aceitação, elucidação e interpretação.
   b) Defesa, aconselhamento, contradição e repreensão.
   c) Observação sistemática, participante e não participante.
   d) Explicação, aceitação, elucidação.

Questões para reflexão

1. Quais são os principais estágios a serem considerados na realização de uma entrevista?

2. Descreva a diferença entre o relatório processual descritivo e o relatório processual condensado.

3. Qual é a importância dos fatores internos e externos na condução de uma entrevista?

4. Quais são os tipos de observação? Quais são as vantagens e limitações de cada um?

5. Quais são os principais estágios a serem considerados quando da realização de uma entrevista, na concepção de Alfred Benjamin?

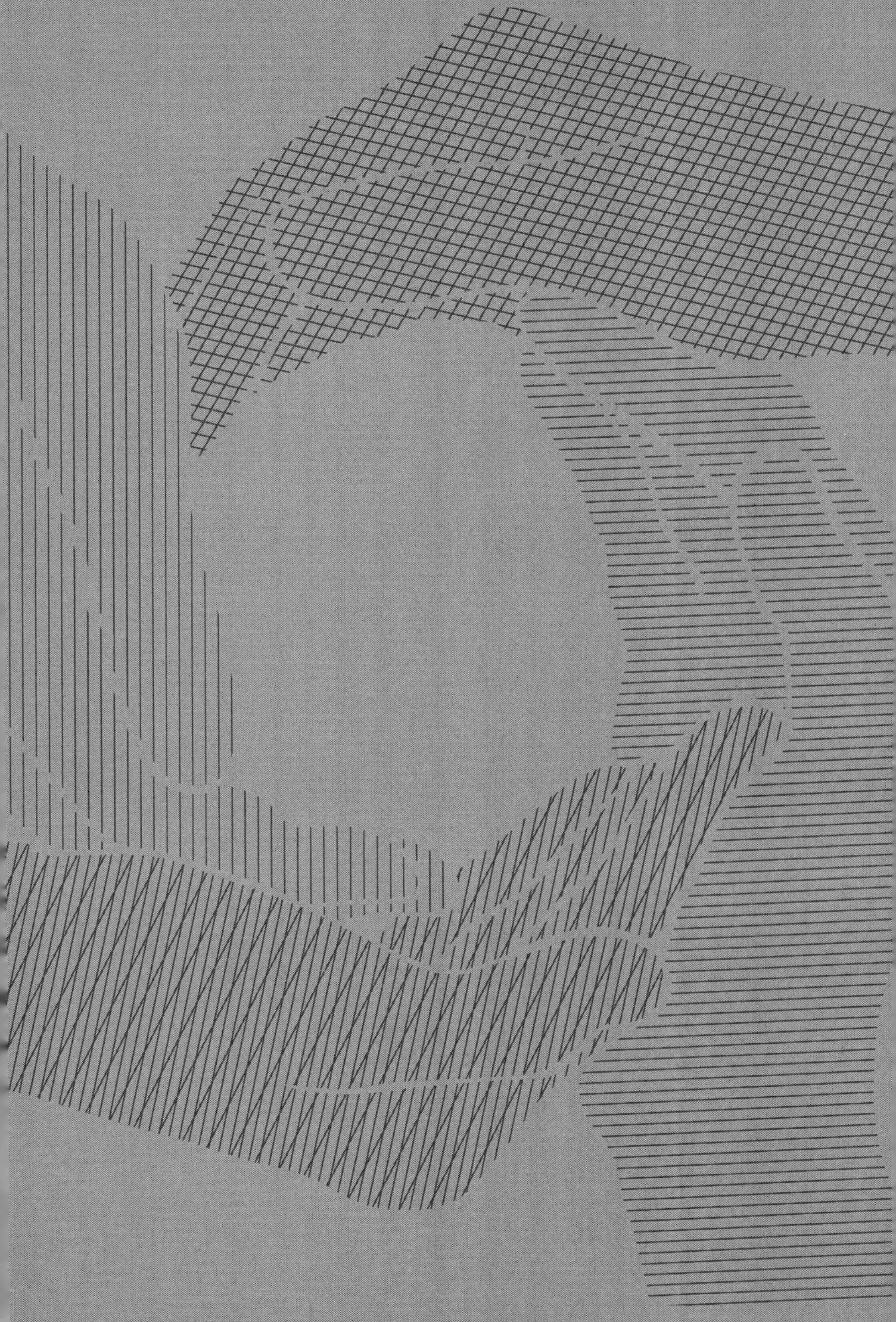

CAPÍTULO 4

As visitas domiciliar e institucional nos processos de trabalho do(a) assistente social

Conteúdos do capítulo:

- Visita domiciliar como instrumento de intervenção do(a) assistente social.
- Contato com a vida do(a) usuário(a): as situações e fatos cotidianos.
- Visitas institucionais para mapeamento de recursos disponíveis.

Após o estudo deste capítulo, você será capaz de:

1. compreender o objetivo e a finalidade da visita domiciliar no processo de trabalho do(a) assistente social;
2. identificar a conduta profissional que deve ser adotada na visita domiciliar;
3. analisar a importância da visita domiciliar no cotidiano da intervenção do(a) assistente social para a operacionalização de programas e projetos sociais.

> *O momento em que vivemos é um momento pleno de desafios. Mais do que nunca é preciso ter coragem, é preciso ter esperanças para enfrentar os sonhos e concretizá-los dia a dia no horizonte de novos tempos mais humanos, mais justos, mais solidários.*
>
> Iamamoto, 2000, p. 166

A visita domiciliar possibilita ao(à) assistente social a visualização da realidade do(a) usuário(a) em seu contexto sociocultural, pois esse instrumento subsidia a compreensão da complexidade do sistema familiar e comunitário da pessoa atendida. Portanto, esse recurso esclarece quais as estratégias da família para atuar em sua realidade e expõe os valores e a cultura enraizados no núcleo familiar. Além disso, é um dos instrumentos de intervenção profissional do(a) assistente social que favorece a coleta de dados e a análise da situação sócio-econômico-familiar, da saúde do grupo familiar, da situação escolar de pais ou filhos e das situações estressoras do cotidiano familiar. Outra intervenção profissional capaz de responder às demandas sociais é a visita institucional, que proporciona a criação de alternativas e planos de intervenção em conjunto com outros serviços da rede.

4.1 Concepções de *visita domiciliar*

O surgimento da visita domiciliar se confunde com o nascimento da enfermagem na saúde pública do Brasil. Conforme Rosen (1994, p. 624, grifo nosso):

> a doença advinha primeiramente da habitação, das condições de vida dentro de casa [...] a profilaxia tornava-se necessária: tanto a correção dos defeitos da habitação como a programação de novos hábitos de higiene entre seus ocupantes, o que requeria a formação de profissionais voltados para a educação e saúde [...]. Esse papel seria desempenhado por **enfermeiras visitadoras** [...].

Essa passagem da obra de Rosen (1994) demonstra a utilização da visita domiciliar com o propósito de compreender, para além do adoecimento, as questões de moradia, educação e as relações familiares e comunitárias. Por isso, o serviço social é uma das áreas que utiliza a visita domiciliar em suas abordagens desde sua origem. Contudo, em alguns períodos, essa técnica foi usada com objetivos diferentes, ora com um viés fiscalizatório – por isso criticada pelo risco de caracterizar uma invasão de privacidade –, ora como uma opção metodológica que favoreceria a aproximação com o cotidiano do(a) usuário(a) e da família atendida.

A história da visita domiciliar revela sua evolução, posto que, na atualidade, esse instrumento visa evitar uma situação de acolhimento institucional e de rompimento dos vínculos familiares e comunitários do(a) usuário(a). Essa transformação ocorreu especialmente graças aos avanços da legislação brasileira, como na Constituição Federal de 1988, no que tange ao atendimento aos(às) usuários(as) numa perspectiva de direito, contribuindo, assim, para que a visita domiciliar seja um recurso voltado à prevenção, à promoção e à proteção.

Amaro (2003, p. 10) defende que é preciso "desconstruir a imagem estereotipada de que a visita é coisa de leigos, cristalizada num empirismo e desprovida de fundamentos […] [é necessário] difundi-la e oferecer subsídios para que o seu desenvolvimento ocorra sobre bases éticas, humanas e profissionais".

Como a visita domiciliar deve ser realizada? Eis a questão! Antes de respondermos a essa pergunta, salientamos que se trata de um instrumento de intervenção profissional utilizado com o objetivo de conhecer a história, a constituição e a forma de organização familiar.

Conforme Amaro (2003), a visita domiciliar é uma prática profissional, investigativa ou de atendimento, realizada por um(a) ou mais profissionais no meio social ou familiar do(a) usuário(a). Giongo (2002, p. 38), por sua vez, concebe a visita domiciliar como um procedimento no qual:

o assistente social instaura uma relação com o sujeito no seu ambiente familiar, onde tem a possibilidade de observar a realidade no seu próprio ambiente. Esta visita oferece ao assistente social um maior número de possibilidades por entrar verdadeiramente na vida do usuário como um observador participante.

O(a) assistente social utiliza a visita domiciliar na cotidianidade do trabalho nos mais diversos espaços sócio-ocupacionais, quais sejam:

- área da saúde – para realizar visitas aos(às) usuários(as) atendidos(as) pelas equipes do Melhor em Casa, Núcleo de Apoio à Saúde da Família (Nasf), Estratégia de Saúde da Família (ESF);
- âmbito da assistência social – a fim de viabilizar o acesso do(a) usuário(a) ou da família aos programas e projetos sociais;
- campo sociojurídico – com o propósito de subsidiar a perícia a compreender o motivo que gerou o conflito, o abandono, a violência ou a negligência, entre outras situações.

Em face do fenômeno da judicialização da política e da questão social – acesso a bens e serviços sociais garantido por decisão do Poder Judiciário –, aumentam os casos em que a visita domiciliar é fundamental, levando-se em conta as seguintes demandas:

- compreensão das condições de doentes crônicos para viabilizar tratamento ambulatorial;
- complementação de estudo socioeconômico para a inserção do(a) usuário(a) ou da família em programas sociais;
- investigação de situações de crianças em lares próprios ou substitutos;
- verificação do ambiente e das pessoas com as quais conviverão adolescentes egressos de determinadas instituições;
- avaliação das possibilidades de acompanhamento em liberdade vigiada.

As visitas também são importantes para a notificação de casos de suspeita ou confirmação de violência[1] que requerem averiguação. Não raro, o(a) assistente social é acionado(a) para realizar a visita domiciliar em atendimento à pessoa que sofreu a violência, já que a ficha de notificação compulsória nem sempre fornece as informações necessárias para o agendamento da entrevista na instituição.

Mioto (2001, p. 148) pontua que as visitas domiciliares "têm como objetivo conhecer as condições (residência, bairro) em que vivem tais sujeitos e apreender aspectos do cotidiano das suas relações, aspectos esses que geralmente escapam às entrevistas de gabinete".

Na prática, para a realização da visita domiciliar, é essencial que o(a) assistente social tenha acesso a um veículo para seu deslocamento da instituição até o endereço do(a) usuário(a) ou da família atendida. Essa demanda, por vezes, é um entrave diante das condições institucionais. Outro ponto que merece atenção é a dificuldade de localização de endereços residenciais pela incompletude dos dados cadastrais e pela mudança frequente de endereço da(s) pessoa(s) a ser(em) visitada(s). Além disso, sempre é importante avaliar se há algum risco no entorno da casa, como a presença de facções criminosas que interferem no direito de ir e vir de residentes e visitantes daquele local. Essa iniciativa é fundamental para que o(a) assistente social resguarde a si próprio e ao(à) usuário(a) e evite situações embaraçosas.

De acordo com Sousa (2008), assim como outros instrumentos, a visita domiciliar não é exclusividade do(a) assistente social: ela só é realizada por esse(a) profissional quando o objetivo é analisar as condições sociais de vida e de existência de uma família ou de um(a) usuário(a), pois é esse "olhar" que determina a inserção do serviço social na divisão social do trabalho.

---

1 Nos serviços de saúde, a notificação compulsória dos casos de violência é o registro sistemático e organizado, em formulário específico, dos eventos em que se conhece a vítima, suspeita-se ou se tem a confirmação de situação de violência, independentemente de ser conhecido ou não o(s)/a(s) responsável(eis) pelo(s) ato(s) violento(s).

Giongo (2002) afirma que o(a) assistente social utiliza a visita domiciliar toda vez que entende ser indispensável aprofundar os conhecimentos sobre a situação familiar e domiciliar do(a) usuário(a), com o intuito de obter mais informações para seu exercício profissional. Nesse caso, o(a) assistente social precisa ter clareza sobre o que observar, perguntar e esclarecer durante a intervenção.

Ainda segundo Giongo (2002), convém, antes da realização da visita domiciliar, fazer os seguintes questionamentos:

- Quem a solicitou (usuário, vizinho, familiares, instituição)?
- O(a) usuário(a) está impossibilitado(a) de comparecer à instituição?
- Que efeito a visita domiciliar pode ter para o(a) usuário(a), para o serviço social ou para a relação profissional nesse momento?
- Já se conhece o(a) usuário(a)?
- Qual é o horário mais apropriado para a visita? (Esse dado deve ser respeitado, pois o elemento-surpresa em visitas domiciliares pode ser embaraçoso.
- A motivação da visita já foi notificada, partilhada?

Em adição, há outros fatores a serem respeitados na visita domiciliar:

- A visita domiciliar não deve ser estruturada, ou seja, deve ser informal sempre que possível. Não se recomenda fazer anotações, para que não se perca a espontaneidade do(a) usuário(a).
- Deve-se evitar horários próximos às refeições, pois o(a) usuário(a) pode sentir-se obrigado(a) a estender o convite ao(à) assistente social e sua recusa pode caracterizar uma ofensa.
- Pode-se aceitar algumas cortesias (cafezinho, água), postura que pode contribuir para um bom relacionamento entre profissional e usuário(a).
- Quanto antes ocorrer a visita, mais subsídios o(a) assistente social terá para a compreensão da situação social e a elaboração da proposta de intervenção.

No encerramento da visita domiciliar, é recomendável retomar sucintamente os assuntos conversados, possibilitando ao(à) usuário(a) ou à família a complementação de algum dado ou alguma informação que julgar pertinente, e agradecer o consentimento à visita.

4.2 Procedimentos facilitadores da visita domiciliar

Na visita domiciliar podem ocorrer situações que exijam do(a) visitador(a) um manejo de técnicas de abordagem. Portanto, há aspectos operacionais que favorecem um melhor desempenho, quais sejam:

- **Planejamento** – Definir objetivos, cronograma e itinerários; marcar antecipadamente ou deixar explícito à família ou ao(à) usuário(a) a possibilidade de realização da visita domiciliar; caso exista documentação, realizar leitura prévia; conhecer os recursos da comunidade para possível indicação; estar preparado(a) para situações imprevistas; discutir o planejamento com a equipe envolvida.
- **Realização da visita** – Apresentar-se e identificar-se, esclarecendo a intencionalidade da visita; estar preparado(a) para uma intervenção profissional e realizar a entrevista; observar o ambiente, as relações entre os membros da família, seus comportamentos e reações; manter uma conversação dialógica; anotar apenas o indispensável; deixar a visita transcorrer; ao despedir-se, retomar as combinações e se colocar à disposição.
- **Registro dos dados** – Ao retornar ao local de trabalho, elaborar o relatório da visita domiciliar, descrevendo de maneira clara e objetiva (não avaliativa) o ocorrido e o observado, podendo contemplar os seguintes elementos:
  - cabeçalho com data e dados de identificação do(a) usuário(a) ou da família;
  - objetivo da visita;
  - resumo dos acontecimentos, aspectos apresentados e observados, ordenados cronologicamente;
  - breve descrição dos membros que compõem a família;
  - relato das interações e da conduta do(a) visitado(a) durante a visita (reações, expressões faciais, entre outros indícios);

- análise do ambiente e de seu entorno;
- resultados práticos, considerando-se o objetivo da visita domiciliar – orientações fornecidas e informações recebidas, decisões tomadas com o(a) usuário(a) ou a família;
- perspectivas de continuidade do atendimento e parecer.

Esse relatório deve ser anexado ao conjunto de documentações da pessoa atendida. Em seguida, é interessante fazer uma autoavaliação do desempenho técnico, ou seja, realizar uma avaliação das visitas domiciliares com base nos resultados obtidos.

4.3 Aspectos importantes a serem observados na visita domiciliar

A visita domiciliar como intervenção reúne pelo menos três técnicas: a observação, a entrevista e a história ou relato oral. Conforme Amaro (2003), a **observação** refere-se à atenção dirigida aos detalhes dos fatos e relatos registrados durante a entrevista. É por meio dos relatos do(a) usuário(a) que o(a) profissional deve captar como são as relações afetivas e familiares, a condição de vida, as representações sociais e as estratégias de sobrevivência do indivíduo, sem desconsiderar o não dito, expresso em momentos de silêncio, reflexão e linguagem corporal.

A observação da realidade do(a) usuário(a) ou da família visitada deve levar em consideração: a comunidade da qual essas pessoas participam, as relações de poder estabelecidas nas microrregiões (fator de interferência na dinâmica familiar), os programas e serviços disponíveis na região, a localização geográfica, as condições de saneamento básico (água, luz, esgoto, coleta de lixo), a existência de escolas, praças, associações de bairro e instituições locais, a disposição e o número de cômodos da casa, além da rotina dos membros da família.

Já na **entrevista**, conforme Benjamin (1998, p. 34), o(a) entrevistado(a) "terá muito a dizer se perceber que estamos prontos e desejosos de ouvi-lo. Se objetivamos uma boa conversa, uma boa comunicação, precisamos cuidar para que o entrevistado tenha oportunidade de expressar-se plenamente". Então, durante a visita domiciliar, é fundamental que o(a) visitador(a) estabeleça uma relação respeitosa com o(a) visitado(a), faça as perguntas e escute as respostas com atenção para fornecer as orientações necessárias com linguagem clara. Também é recomendável chamar o(a) usuário(a) pelo nome ou da forma como a pessoa preferir, mantendo contato visual e, na medida do possível, posicionando-se de frente para o(a) entrevistado(a).

Outro aspecto que não pode ser desconsiderado na visita domiciliar é a compreensão sobre "o que é meu" e "o que é do outro". Em poucas palavras, é esperado que o(a) profissional aceite e respeite as representações pessoais dos(as) usuários(as) ou famílias visitadas segundo suas necessidades e dinâmicas, entre outras variáveis peculiares.

É na relação estabelecida entre as partes que o atendimento revela sua complexidade e promove o encontro de realidades – do assitente social e do usuário –, provocando a redefinição de paradigmas.

Portanto, ao realizar uma visita domiciliar, o(a) assistente social deve estar atento(a), disposto(a) a conhecer a realidade do indivíduo atendido. Amaro (2003, p. 17) destaca: "muitas vezes, o fato de estar junto com o usuário, compartilhando de fragmentos do seu cotidiano, facilita a compreensão de suas dificuldades, favorece o clima de confiança e acaba por fortalecer o aspecto eminentemente humano da relação construída". Para tanto, é necessária uma exploração investigativa, orientada por uma abordagem complexa, para obter-se uma visão integral que tenha o potencial de contribuir para a reconstrução e a ressignificação da história do(a) usuário(a). A autora acrescenta que, essa busca implica captar a realidade dentro do quadro social e cultural específico do(a) usuário(a) e exige do(a) assistente social a visão desses elementos complexos, intrigantes e, por vezes, conflitantes.

Amaro (2003, p. 36, grifo do original) complementa: "a verdade do real não reside exclusivamente em situações conhecidas *postas à verificação*, mas em um indefinido número de outras situações desconhecidas, *postas à exploração investigativa* do profissional, durante a realização da visita". A autora defende que se deve observar o movimento dos corpos, os gestos, o tom de voz ou o silenciamento, as lágrimas, as relações físicas de afago e repulsa, enfim, atos-mensagens que expressam medo, ciúme, afeto, proteção e maus-tratos. Essa inter-relação, na concepção de Magalhães (2003, p. 29),

> permite que a enunciação de um discurso se expresse não só pela palavra, mas também pelo olhar, pela linguagem gestual, pela entonação, que vão contextualizar e, possivelmente, identificar subjetividade de uma forma mais evidenciada. Sob esse enfoque, pode-se dizer que o discurso direto expressa uma interação dinâmica.

Na visita domiciliar, o(a) assistente social pode captar o significado dinâmico da casa, o espaço íntimo do(a) usuário(a), em todos os seus aspectos, ainda que, ao efetivar a visita, não tenha possibilidade de escolher determinado ambiente, haja vista que está dentro do domicílio do(a) usuário(a) ou da família. Amaro (2003, p. 17) afirma que "o espaço ideal para aquele testemunho nem sempre existe". Portanto, certos aspectos não podem passar despercebidos, tais como: alguns dos espaços em que são realizadas as visitas domiciliares podem não ter cadeira ou mesa para facilitar algum registro por escrito durante a abordagem, o que pode gerar constrangimento aos(às) usuários(as) menos favorecidos(as); a casa pode encontrar-se desorganizada e isso vir a melindrar o(a) usuário(a) ou família em receber o(a) assistente social. Vale lembrar ainda que é fundamental o(a) profissional evitar o *kit* discurso e a preocupação demasiada com o preenchimento dos documentos, como explicamos no capítulo anterior.

Merece especial atenção também a ocasião em que se está realizando a abordagem durante uma visita e aparecerem vizinhos ou parentes. Nesse caso, em virtude do resguardo do sigilo profissional, deve-se falar em particular com o(a) usuário(a) ou, se necessário, retomar o processo em momento mais propício. Amaro (2003, p. 17, grifo do original) chama a atenção para uma desvantagem das abordagens dos(as) assistentes sociais: "a ausência do controle de o profissional saber o que acontece *em torno* da visita, ou seja, na casa". E acrescenta: "o profissional, ao visitar, se insere no cotidiano do outro e de alguma forma deve se ajustar às condições que encontrar". A realidade exige do(a) visitador(a) capacidade para perceber as relações, as ações e os significados que compõem o cotidiano do(a) visitado(a).

Portanto, cabe ao(à) visitador(a) desenvolver determinadas capacidades para a efetivação das visitas domiciliares:

- **Saber ouvir** em uma visita domiciliar é essencial; constitui-se como fonte de dados necessários e permite compreender a realidade familiar e social.
- **Saber observar** principalmente o que não é dito na entrevista. É a observação que normalmente decodifica as mensagens implícitas – um olhar ou um gesto podem acrescentar elementos para o entendimento da situação familiar e de crianças e adolescentes.
- **Saber elaborar perguntas, organizar os questionamentos e avaliar momentos adequados de questionar** são habilidades importantes para o(a) profissional do serviço social. Os objetivos das questões são extremamente importantes, pois as respostas têm o potencial de direcionar as ações, intervenções e interações com a família. Isso demanda planejamento para evitar dispersões e desperdício de tempo, tendo clareza sobre o que realmente motivou a visita domiciliar.
- **Saber aceitar**, ou seja, respeitar valores, culturas, medos, inseguranças e realidades dos(as) entrevistados(as), não se limitando a valores preestabelecidos. Esses aspectos estão intrinsecamente ligados ao uso do projeto ético-político do serviço social.

Atenção na visita domiciliar: breve resumo

O(a) profissional deve estabelecer uma relação respeitosa, sem se mostrar íntimo(a); demonstrar receptividade perante o(a) visitado(a) e no que se refere a sua história de vida; escutá-lo(a) com atenção, fazer perguntas e dar orientações, dirigindo-se ao(à) usuário(à) com uma linguagem clara. Deve chamá-lo(a) pelo nome ou da forma como ele(a) preferir, mantendo o contato visual, evitando infantilizá-lo(a).

Não é necessário esgotar todos os assuntos num único contato. É importante sempre conferir se o(a) visitado(a) entendeu as orientações dadas e se tem dúvidas. Caso não tenha entendido, é necessário repetir as instruções com outras palavras, usando linguagem apropriada.

Também é importante que o(a) visitador(a) aguarde a resposta antes de fazer uma nova pergunta e não interrompa a fala do entrevistado, pois isso pode denotar pressa e impaciência.

O número de profissionais visitantes não deve exceder ao das pessoas visitadas, para evitar a sensação de intimidação. Deve-se averiguar se o horário é favorável para a realização da visita, e a intencionalidade deve sempre ser explicitada para o(a) usuário(a).

É importante que o(a) assistente social esteja atento a perguntas que favoreçam a conversação com o(a) visitado(a) e observe sutilmente como o(a) usuário(a) se relaciona com seus familiares, vizinhança, comunidade, bem como a significação que atribui à sua moradia, às suas relações afetivas e às suas perspectivas de vida. Com isso, pode elencar alternativas potencializadoras e viabilizadoras de garantia de direitos aos(às) usuários(as) com quem trabalha. Por se desenrolar em um espaço íntimo do(a) usuário(a), a visita possibilita ao(à) profissional realizar a análise sobre o que observa e sente, pois é uma intervenção que transcende ou extrapola o espaço sócio-ocupacional. Isso requer do(a) visitador(a) a predisposição para lidar com o diferente, o inacreditável e o imprevisto.

4.4 Visita institucional

No cenário contemporâneo, são fundamentais a intersetorialidade[2] e a interdisciplinaridade[3] entre as políticas sociais públicas. Por isso, o(a) assistente social realiza visitas institucionais a fim de discutir casos e mapear recursos disponíveis nos serviços que compõem a rede, para referência e contrarreferência de situações. Os motivos que levam o(a) profissional a realizar uma visita institucional, na concepção de Sousa (2008, p. 129), são os seguintes:

> 1) Quando o Assistente Social está trabalhando em uma determinada situação singular, e resolve visitar uma instituição com a qual o usuário mantém alguma espécie de vínculo;
>
> 2) Quando o Assistente Social quer conhecer um determinado trabalho desenvolvido por uma instituição;
>
> 3) Quando o Assistente Social precisa realizar uma avaliação da cobertura e da qualidade dos serviços prestados por uma instituição.

Esse instrumento também é utilizado para o monitoramento e a avaliação de políticas específicas, como convênios estabelecidos por órgãos públicos em conjunto com organizações não

---

2 *Intersetorialidade* é, de acordo com Mioto e Nogueira (2009, p. 230) um "processo de aprendizagem e de determinação de sujeitos que, através de uma gestão integrada, respondam com eficácia aos problemas da população em um território determinado".

3 "Entendendo-se a interdisciplinaridade como 'postura profissional' e 'princípio constituinte da diferença e da criação', compreender-se-á que o serviço social – uma vez que articula diferentes conhecimentos de modo específico, em um movimento crítico entre prática-teoria e teoria-prática – é uma profissão interdisciplinar por excelência. Assim, para o serviço social, a interação com outras áreas é primordial: seria fatal manter-se isolado ou fazer-se cativo. A interdisciplinaridade enriquece-o e flexiona-o, no sentido de romper com a univocidade de discurso, de teoria, para abrir-se à interlocução diferenciada com outros. Isto implica romper com dogmatismos muitas vezes cultivados no interior da profissão" (Rodrigues, 1995 citado por Ely, 2003, p. 115).

governamentais (ONGs) no atendimento socioeducativo a crianças e adolescentes. Devemos destacar que as ações em rede requerem engajamento e troca de informações, por vezes de modo particular e individual, por questões de resguardo do sigilo profissional. De tal modo, a visita institucional é uma necessidade para o fortalecimento das interconexões entre os serviços que compõem a rede na busca conjunta para a resolução das demandas da população usuária.

Convém lembrarmos que, assim como a visita domiciliar, a visita institucional exige: a disponibilidade de um veículo para a locomoção do(a) assistente social até a instituição a ser visitada; a clareza da intencionalidade; o contato prévio com a instituição, a fim de programar a visita conforme a disponibilidade e a aceitação do outro espaço e de acordo com a agenda dos demais profissionais envolvidos. Dessa forma, a visita institucional é uma estratégia usada para manter a rede articulada e colocá-la a par de recursos, programas, projetos e ações sociais e, posteriormente, informar a população usuária a respeito. É um meio utilizado pelo(a) assistente social, não raro, para estabelecer uma parceria interinstitucional com vistas a um objetivo comum.

Diante dessa realidade, citamos uma ação bem-sucedida de um(a) assistente social inserido(a) em um centro de referência de atendimento a mulheres em situação de violência doméstica e familiar que, por meio da visita institucional, criou um fluxo colaborativo com uma instituição parceira. Isso viabilizou o acesso ágil e o acolhimento das usuárias no serviço de assistência jurídica gratuita de uma Unidade de Formação Acadêmica (UFA). Essa estratégia demonstra uma ação de fortalecimento da rede e da cidadania dos(as) usuários(as): de um lado, as mulheres obtêm o atendimento jurídico em um tempo relativamente curto e específico às suas necessidades; de outro, os alunos do curso de graduação de Direito da citada UFA aprendem na prática sobre a Lei Maria da Penha e seus desdobramentos.

Esse instrumento, portanto, tem grande potencial nas ações de atendimento às inúmeras demandas que surgem no cotidiano de trabalho do serviço social. A visita institucional possibilita uma busca ativa que propicia o mapeamento do território e envolve a participação de outros profissionais, o que contribui para a interdisciplinaridade, resultando em uma maior aproximação e, consequentemente, uma ampliação de acesso e cidadania da população usuária. Esse processo promove o adequado atendimento aos(às) usuários(as), que podem usufruir de informações atualizadas e ser encaminhados(as) para outros serviços sociais. Para Carvalho e Iamamoto (2005, p. 17):

> O profissional deve conhecer, se apropriar e, sobretudo, criar um conjunto de habilidades técnicas que permitam ao mesmo desenvolver as ações profissionais junto à população usuária e às instituições contratantes [...], garantindo assim uma inserção qualificada no mercado de trabalho, que responda às demandas colocadas tanto pelos empregadores, quanto pelos objetivos estabelecidos pelos profissionais e pela dinâmica da realidade social.

Isso se evidencia nesse fazer profissional, haja vista que as visitas institucionais têm como desdobramento o fortalecimento das instituições e do relacionamento entre elas. Isso porque os(as) assistentes sociais buscam, primeiramente, a compreensão das demandas para, em seguida, planejar a intervenção técnica para a resolução dos problemas apresentados pela população usuária. Sousa (2008) enuncia, por exemplo, que a realidade da prática profissional é muito mais dinâmica e rica do que qualquer tentativa de classificação dos instrumentos de trabalho.

Para saber mais

Filme

UMA LIÇÃO de amor. Direção. Jessie Nelson. EUA: Playarte Pictures, 2001. 127 min.

O filme retrata a vida de um adulto com déficit cognitivo (Sam) que abriga uma mulher em situação de rua que engravida e depois o abandona com o bebê. A despeito de suas dificuldades, o personagem cria a criança (Lucy) com o auxílio de pessoas próximas e estabelece laços de afeto. Após um problema com a justiça, Sam é encaminhado para uma assistente social, que toma conhecimento de sua vida e de sua filha. No aniversário de 7 anos de Lucy, a assistente social realiza uma visita domiciliar à família, o que gera uma série de desdobramentos na vida de pai e filha.

Livro

AMARO, S. **Visita domiciliar**: guia para uma abordagem complexa. Porto Alegre: AGE, 2003.

A autora faz uma explanação sobre a visita domiciliar como uma das técnicas de intervenção do(a) assistente social que, ao longo dos tempos, foi usada com propósitos diferentes, desprovida de fundamentos, apesar de ser uma prática que favorece a compreensão da realidade concreta.

Síntese

A visita domiciliar requer uma atitude ética do profissional do serviço social no que se refere ao conhecimento que busca obter e à relação que constrói com a pessoa visitada. Segundo Amaro (2003, p. 48), "a ética e o respeito são princípios e condições imprescindíveis à realização da visita domiciliar", pois consideram o direito à privacidade e ao sigilo profissional e exigem uma ação propositiva e afirmativa do(a) visitador(a). Nesse sentido, as perguntas não devem ser feitas como forma de pré-julgamento ou vinculadas a comentários proibitivos e punitivos.

Questões para revisão

1. Cite os procedimentos que facilitam a realização da visita domiciliar.

2. De que forma a visita domiciliar contribui para o exercício profissional do(a) assistente social no atendimento às demandas dos(as) usuários(as)?

3. Durante a visita domiciliar, conforme preconizado no Código de Ética Profissional, as perguntas não devem ser feitas em forma de julgamentos ou comentários punitivos. A respeito disso, assinale a alternativa correta:

    a) Na visita domiciliar, cabe ao(à) entrevistador(a) mostrar-se íntimo(a) de quem está sendo visitado para favorecer um vínculo forte e de confiança.
    b) A ética e o respeito são princípios e condições imprescindíveis para a realização da visita domiciliar.
    c) Deve-se evitar a visita domiciliar, a fim de não se ferir o direito à privacidade e ao sigilo profissional.
    d) É admissível que o objetivo da visita domiciliar não seja apresentado ao(à) visitado(a) e que o(a) visitador(a) anote apenas o indispensável em virtude do fator *tempo*.

4. Quando utiliza a visita domiciliar para coletar dados e atender aos(às) usuários(as) ou às famílias, o(a) assistente social demonstra que está interessado(a) em buscar a materialidade nas relações sociais e familiares para superar a situação de vulnerabilidade ou de risco social. Assinale a alternativa que demonstra essa conduta profissional:

    a) O(a) visitador(a) mostra-se íntimo(a) do(a) usuário(a) ou da família visitada.
    b) O(a) visitador(a) busca captar a realidade do quadro social e cultural para apresentar alternativas ao(à) usuário(a), favorecendo o acesso dessa pessoa aos direitos sociais.

c) O(a) profissional interpreta a realidade de vida do sujeito visitado com base nos próprios valores pessoais e em ideias preconcebidas.

d) O(a) visitador(a) impõe seus modelos de realidade para, então, classificar a verdade observada nas visitas.

5. No que consiste o planejamento para o bom desenvolvimento de uma visita domiciliar no cotidiano de trabalho do(a) assistente social?

a) Trata-se de um instrumento que possibilita o conhecimento apropriado da realidade do(a) usuário(a).

b) Define os objetivos, um cronograma, a marcação prévia do contato ou a explicitação da possibilidade de realização da visita domiciliar.

c) Trata-se da retomada dos pontos principais da visita domiciliar.

d) Focaliza apenas o registro do indispensável, retomando os pontos principais da visita domiciliar quando da sua conclusão.

Questões para reflexão

1. Procure conhecer o funcionamento de um Centro de Apoio Psicossocial (Caps), serviço da rede de saúde do Sistema Único de Saúde (SUS). Faça a observação das atividades que os profissionais permitirem ser presenciadas (reuniões, atendimentos, discussão de caso, entre outras), conforme acordado previamente segundo a disponibilidade do serviço e da equipe. Em seguida, realize a seguinte atividade, dividida em dois momentos.

   a) Primeiramente, anote os seguintes dados:
   - caracterização do campo;
   - número e função dos profissionais que compõem a instituição ou equipe;
   - serviços prestados;
   - principais necessidades de saúde da região ou do território percebidas na interação com equipe ou usuários(as);
   - atividades de prevenção e promoção da saúde;

- principais dificuldades de atendimento às necessidades de saúde e ao funcionamento geral;
- atividades acompanhadas durante a visita institucional;
- condições físicas do local, fluxo e dinâmica de atendimento de usuários(as), a entrevista em si, reações do(a) entrevistado(a) diante das informações solicitadas;
- dados de identificação do técnico de referência (nome, profissão ou função, tempo de serviço no local).

b) Em seguida, produza um relato sobre essa experiência e os conhecimentos obtidos, analisando a realidade observada:
- Como se relacionam equipe(s) e usuários(as)?
- A organização do serviço e seus processos de trabalho estão em consonância com os princípios do SUS?
- Há controle social?

Para desenvolver essa parte da atividade, fundamente-se nos artigos e nas legislações relacionados à área do serviço social.

2. Conceitue *visita institucional* e explique qual é sua contribuição na prática profissional do(a) assistente social.

3. Quais são as capacidades necessárias para que o(a) assistente social proceda a uma visita domiciliar?

4. Quais são os elementos que devem constar no relatório da visita domiciliar?

5. Quais aspectos devem ser observados pelo(a) assistente social na condução de uma visita domiciliar?

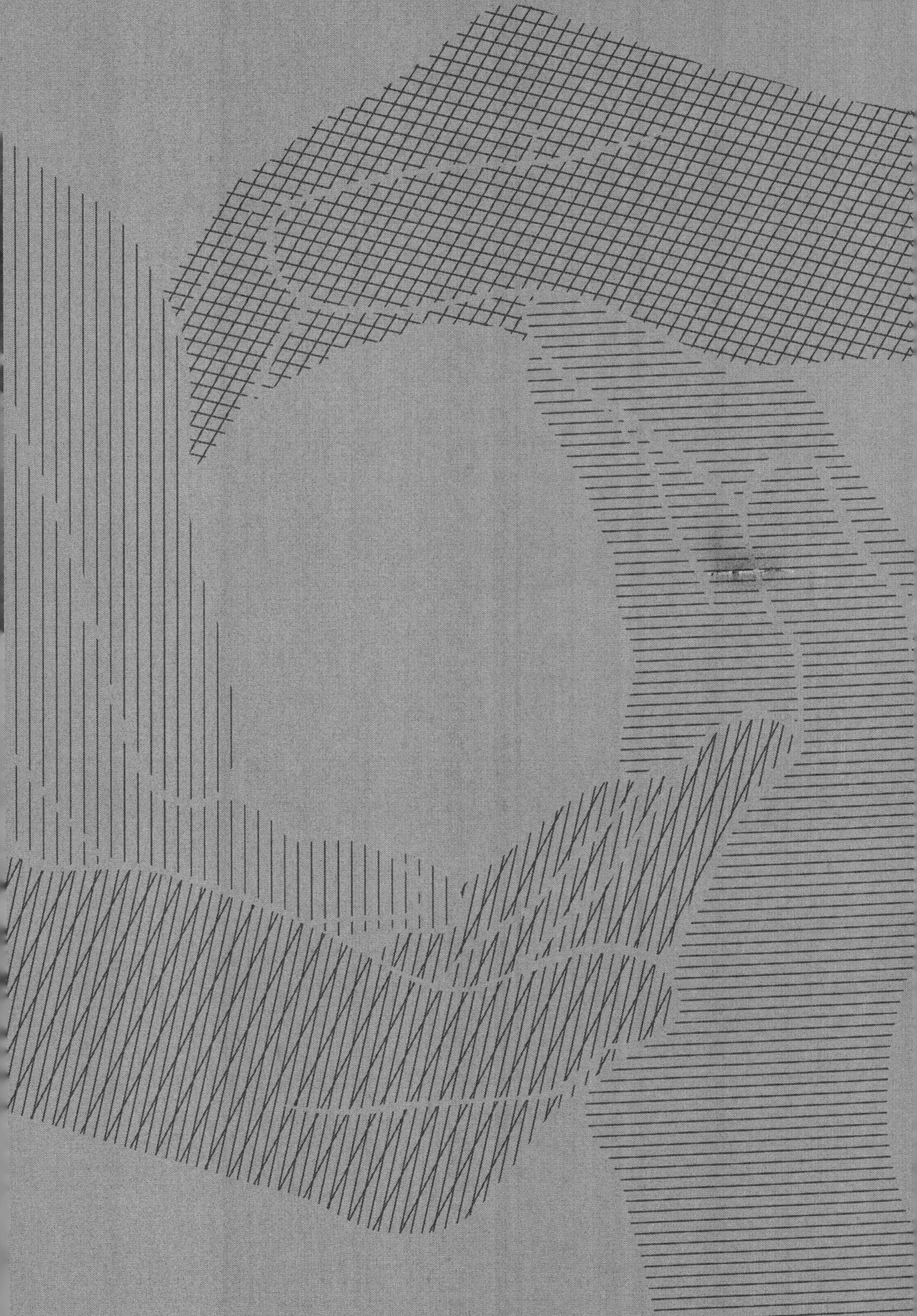

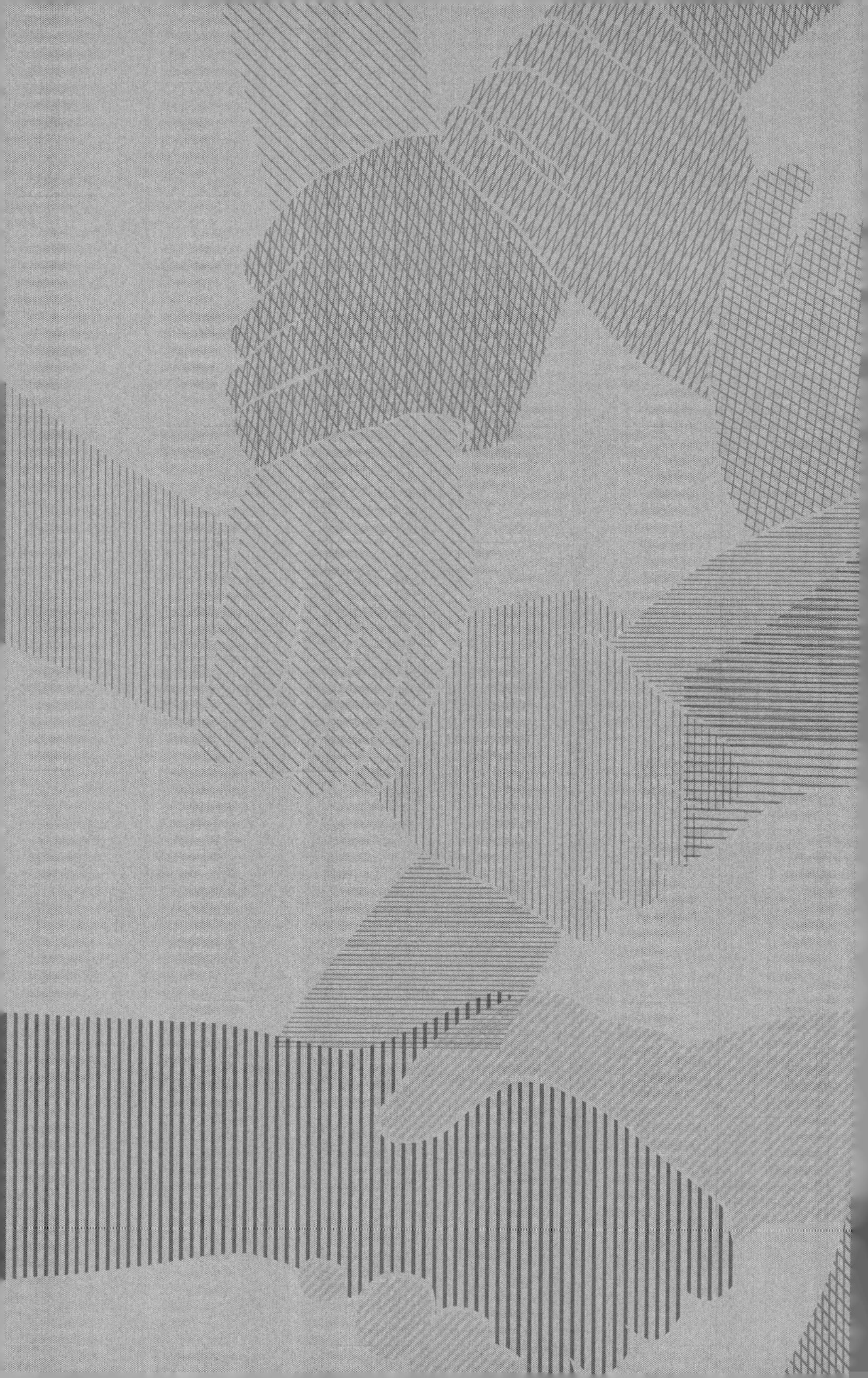

CAPÍTULO 5

O trabalho com grupos

Conteúdos do capítulo:

- Processo grupal na intervenção em demandas coletivas.
- Conceito de *grupo*.
- Papéis e posições assumidas no interior de um grupo.

Após o estudo deste capítulo, você será capaz de:

1. compreender o trabalho com grupos no cotidiano do(a) profissional do serviço social;
2. analisar o instrumental grupos na intervenção do(a) assistente social;
3. viabilizar a aprendizagem sobre o registro da documentação da abordagem de grupo;
4. identificar as diferentes configurações da operacionalização de um grupo.

> *Trabalhar com grupos... O previsível e o imprevisível me gratificam. O controlável e o incontrolável me motivam. A unicidade e o diverso me espantam. Mas é o resultado que me nutre e fortalece como gente.*
>
> Tatagiba; Filártiga, 2001

No cotidiano de trabalho do(a) assistente social, a formação de grupos possibilita, além da troca de experiências, o alcance de um número maior de usuários(as). Consequentemente, a socialização de informações sobre os direitos sociais tem mais chances de ser atingida graças ao poder de multiplicação desses dados. Essa ação potencializadora contribui significativamente para a rede social dos(as) participantes, que, ao deterem as informações, são responsáveis por transmiti-las em seus espaços de pertencimento (família, vizinhança, associações de bairro, entre outros). Assim, o grupo é um instrumento que proporciona aos(às) usuários(as) expor situações vivenciadas por eles(as) e, dessa forma, desenvolver um olhar mais crítico, reflexivo. Essa vivência abre as portas para um universo de experiência, de desenvolvimento e crescimento pessoal alicerçada na força do coletivo e do reconhecimento de si e dos outros. Neste capítulo, abordaremos especificamente os grupos e sua importância como instrumento de intervenção social.

5.1 A evolução do conceito de *grupo* e do trabalho com grupos no serviço social

Ao longo de sua trajetória, o serviço social, como profissão, valeu-se do trabalho articulado com grupos, em especial nas décadas de 1970 e 1980. Nessa época, a conjuntura do país centrava-se na produção industrial e tal realidade repercutia no trabalho com grupos, que era voltado à manutenção de hábitos de vida saudável e da classe trabalhadora em seus postos de trabalho, atendendo a lógica do capital. No entanto, a metodologia de intervenção adotada era do serviço social de caso[1], de grupo e de comunidade. O enfoque do trabalho com grupos nesse contexto histórico visava à mudança de atitudes e desenvolvia ações para corrigir e reduzir comportamentos desviantes dos(as) usuários(as) de acordo com o sistema vigente e o poder hegemônico das sociedades.

De acordo com Konopka (1964), o grupo representava uma das alternativas para os(as) usuários(as) melhorarem sua atuação social por meio de experiências objetivas. Nessa concepção, esse tipo de trabalho contém a dimensão da pessoa no grupo, o grupo e o problema. Em síntese, essa abordagem deveria incentivar os sujeitos a melhorar seus relacionamentos e a enfrentar seus problemas pessoais e comunitários (CBCISS, 1986).

A história desse instrumento revela que se trata de um meio de intervenção social que tem evoluído, em razão da compreensão de que o grupo afeta as atitudes das pessoas que o compõem, pois a diversidade é troca e viabiliza a criação de alternativas conjuntas para se viver de forma plena. Com base nessas ideias, o processo de trabalho do(a) assistente social começou a ser transformado e sua intervenção passou a ter como enfoque a transformação social. De acordo com Faleiros (1997), deslocou-se, assim, a centralidade da intervenção na relação personalidade-meio-recurso para a centralidade nas relações de classe, de dominação e de grupos.

Tatagiba e Filártiga (2001) reforçam a importância do processo grupal justificando-se no fato de que o ser humano vive em grupos durante toda a sua existência. As autoras indicam alguns passos para levar as pessoas ao caminho da ação: formar ideias, unir a emoção à razão, revelar e reproduzir com sensatez o que se pensa-sente e viabilizar um projeto de forma prática. Concebem também que a vivência grupal promove a construção coletiva

---

1 "Foi no âmbito da influência norte-americana que importamos, progressivamente, os métodos de serviço social de caso, serviço social de grupo, organização de comunidade e, posteriormente, de desenvolvimento de comunidade" (Silva, M. O. da S., 1995, p. 41).

do saber e que a participação construtiva é um recurso que resulta no saber fazer.

Na prática, cabe ao(à) assistente social criar oportunidades de participação e poder de decisão ao(à) usuário(a) e às demais pessoas. Na cotidianidade de trabalho, observa-se que o grupo favorece a participação, o debate, a criticidade sobre políticas, programas, projetos, serviços e ações em que se inserem ou não pelos critérios de seletividade. O(a) assistente social vale-se dos grupos para atingir um número maior de pessoas, contando com o engajamento dos participantes em se tornarem disseminadores de informações. Entre grupos de maior projeção, destacam-se o Programa de Erradicação do Trabalho Infantil (Peti), o Programa de Atendimento Integrado à Família (Paif), as equipes de Estratégias de Saúde da Família (ESF), o Programa Saúde na Escola (PSE), o Programa Infância Melhor (PIM), o Programa de Aquisição de Alimentos (PAA), entre outros.

A ideia do grupo no trabalho dos(as) assistentes sociais é reforçada por Mioto (2002, p. 55): "A intervenção em nível de rede passou a ser entendida como o trabalho que envolve um grupo de pessoas (membros da família, vizinhos, amigos e outras pessoas ou grupos institucionais) capazes de prestar apoio real e duradouro a um indivíduo ou a uma família". Braga (1969), por sua vez, concebe esse recurso como um processo dinamizado de relação em que os interesses e as necessidades dos membros mobilizam aptidões e capacidades de todos, a serviço do grupo e da comunidade, com experiências individuais que contribuam para o aperfeiçoamento individual.

Portanto, nos grupos, os(as) usuários(as) podem refletir sobre suas situações de vida e, ao mesmo tempo, escutar as experiências dos(as) demais no enfrentamento de suas problemáticas, comparando os recursos que utilizaram e o significado dessa experiência em suas vidas. Em acréscimo, esse instrumento propicia o fortalecimento comunitário, pois as pessoas tendem a vivenciar problemas em comum, tais como escassez de saneamento básico e de atendimento na área de saúde, dificuldades ou desconhecimento sobre o acesso aos serviços disponíveis. Essa dinâmica, além de fortalecê-los(as) na sua **identidade**, **cidadania** e **autonomia**, promove relações coletivas.

Na prática, durante o processo grupal, os(as) participantes relatam suas estratégias de sobrevivência, ou seja, como se comportam em circunstâncias conflitivas e estressoras na família, na comunidade e no trabalho. Essa iniciativa aproxima os(as) integrantes e fornece elementos para que os(as) demais possam repensar suas inquietações e engendrar novas possibilidades para enfrentá-las.

Os estudos baseados em Lewin (1975; 1989) compreendem o grupo como totalidade, ou seja, a intervenção de grupo é centrada nele mesmo e realiza a análise de sua própria dinâmica. O autor compreende que a formação do grupo fundamenta-se na concordância sobre os objetivos e os meios de alcançá-los, o que resulta na **solidariedade grupal**.

Na prática, o grupo representa uma alternativa de intervenção descentralizada na comunidade a partir do território, onde está a força política dos(as) usuários(as) participantes. Outros aspectos que influenciam a criação de grupos relacionam-se às condições de vida dos(as) participantes, tais como: situação socioeconômica, vulnerabilidade social, temáticas ligadas à igualdade étnico-racial, de gênero, de grupos etários (idosos, adolescentes, crianças), diversidade sexual, entre outras.

Para esse tipo de intervenção, o(a) assistente social recorre ao grupo como um instrumento que, por apresentar caráter preventivo e captar as demandas da comunidade, fomenta um levantamento prévio das expectativas e interesses dos(as) usuários(as), incidindo no protagonismo e na participação dessas pessoas. É fundamental enfrentar as exigências do mundo do trabalho e juntos conseguir dar respostas às novas situações, criando condições favoráveis para que o(a) participante se desenvolva e perceba em si um sujeito detentor de direitos e consciente de suas responsabilidades. Como podemos demonstrar, os resultados do trabalho com grupos estão intimamente ligados ao entendimento do(a) coordenador(a) (assistente social) sobre as ações, a finalidade da intervenção e sua abertura para novas perspectivas.

5.2 O processo grupal segundo Pichon Rivière

Existem entendimentos distintos acerca da função da coordenação e sua participação na dinâmica do grupo. Pensar sobre esse tema é importante e requer certo cuidado, pois o(a) coordenador(a) é um(a) profissional em exercício de intervenção, cabendo a ele(a) não deixar escapar nada, já que todo material é valioso. Logo, esse(a) profissional deve estar atento(a), disposto(a) a escutar e perceber as possíveis interpretações que advêm das narrativas, do silêncio, da agitação, da emoção ou da resignação dos(as) participantes.

Há, porém, quem apoie outra posição e defenda a interação e a participação do(a) coordenador(a) no grupo. Nesse caso, é fundamental compreendermos em quais ações a participação do(a) assistente social é recomendável e em quais a observação e o registro são mais indicados para o processo grupal acontecer com protagonismo e negociação entre os(as) integrantes. O processo do grupo aproxima o(a) facilitador(a) dos(as) participantes; ele(a) deve promover o senso de responsabilidade compartilhada e a participação grupal, criando um meio favorável para trocas e aprendizagens; os(as) participantes podem, por exemplo, sugerir atividades e temas para discussão coletiva.

Portanto, o(a) facilitador(a) deve investir na integração e no conhecimento entre os(as) componentes do grupo, a fim de que exercitem a comunicação e a cooperação. Por vezes, essa dinâmica dá origem a uma rede de solidariedade para momentos de crise na vida dos indivíduos, como em casos de luto, desemprego, conflitos familiares, adoecimento, entre outros. Na concepção de Pichon Rivière (1998), compete ao(à) facilitador(a) dar o enquadramento, ou seja, o marco abstrato definido no início do trabalho e mantido durante o processo grupal – em poucas palavras, as regras assumidas por ambas as partes, facilitador(a) e grupo.

Pichon Rivière (1998) assinala que a análise grupal utiliza como indicadores a tarefa, (*role*[2]) o contexto social, os obstáculos e a necessidade grupal. O *role* pode ser de porta-voz (quem manifesta e explicita os sentimentos do grupo), líder da tarefa (quem mantém o foco do grupo na dinâmica), bode expiatório (quem assume os aspectos negativos depositados pelo grupo), líder da resistência ou sabotador (aquele que atrapalha a realização da tarefa).

O psicanalista argentino sintetiza a noção de *vetor* como um conjunto de forças representativas de tendências que se manifestam no campo grupal:

- **Afiliação** – Quando o grupo começa a se encontrar, quando a figura da coordenação pode ser associada a relações parentais.
- **Pertinência** – Quando o grupo adquire autonomia.
- **Comunicação** – Por onde circula a mensagem; tal vetor se relaciona à tarefa grupal, apontando a construção de um texto comum.
- **Pertença** – Quando a identidade é criada ao mesmo tempo em que a diferenciação é abrangida.
- **Téle** – conceito utilizado por Moreno (1993) quanto à empatia ou afinidade.
- **Cooperação** – Quando o movimento grupal aponta para a realização da tarefa.
- **Aprendizagem** – Fenômeno cooperante com a comunicação, o texto que é individual (vertical) passa a ser grupal (horizontal). Então, um grupo é operativo quando, em termos gerais, entende o porquê e o para quê de sua existência, modificando-se sentido a uma nova síntese.

É preciso considerar o grupo como processo permanente de mudanças ocasionadas por novas experiências partilhadas, inserção

---

2 *Role* é um termo em inglês que denota a função que assumem os integrantes do grupo diante de uma situação, obstáculo ou momento do processo de agrupamento e grupal. Expressa a dinamicidade, o movimento oriundo da relação interpessoal que ocorre no espaço grupal.

ou saída de integrantes em decorrência de troca de endereço, (re)colocação no mercado de trabalho, dificuldades pessoais para comparecer aos grupos. Isso requer do(a) facilitador(a) aptidão para lidar com resistências iniciais, ressignificação das relações coletivas e receptividade para integrar novos membros. Segundo Pichon Rivière (1998), no trabalho com grupos são comuns três áreas complementares e interdependentes: mente, corpo e mundo externo.

Neste ponto, enfatizamos o estabelecimento do **vínculo**, que forma a **matriz de aprendizagem** – conjunto de vivências emocionais, conceituais e corporais registradas. A identidade grupal, conforme concebido por Pichon Rivière (1998), advém da mútua representação interna e pressupõe a afiliação grupal em determinado tempo e espaço.

De acordo com Lane et al. (1981, p. 81):

> Podemos perceber, por esta revisão de teorias sobre grupo, uma postura tradicional onde sua função seria apenas a de definir papéis e, consequentemente, a identidade social dos indivíduos, e de garantir a sua produtividade, pela harmonia e manutenção das relações apreendidas na convivência. Por outro lado, temos teorias que enfatizam o caráter mediatório do grupo entre indivíduos e a sociedade enfatizando o processo pelo qual o grupo se produz; são abordagens que consideram os determinantes sociais mais amplas, necessariamente presentes nas relações grupais.

Diante disso, fica evidente que o processo grupal pode desencadear uma ação transformadora no momento em que os(as) participantes transcendem a individualidade institucionalizada e assumem uma **identidade grupal**. Para tanto, a operatividade do grupo requer um processo integrado entre estratégia, tática, técnica e logística, o que, somado aos vetores, pode garantir o êxito da planificação.

5.3 Habilidades necessárias para o trabalho com grupos

Para Pichon Rivière (1998), que utiliza os pressupostos do materialismo histórico dialético e a teoria psicanalítica, a coordenação deve criar, manter e fomentar a comunicação entre os membros do grupo, trabalhando o processo grupal na sua totalidade. Segundo Zimerman e Osório (1997, p. 27), "um conjunto de pessoas constitui um grupo, um conjunto de grupos constitui uma comunidade e um conjunto interativo das comunidades configura uma sociedade". Conforme esses autores, a coordenação deve:

- gostar de grupos e acreditar neles;
- saber se colocar no lugar do outro, ou seja, ser empática;
- ser um "espelho" para os(as) participantes;
- investir no processo de comunicação e integração grupal;
- sintetizar as mensagens emitidas pelos(as) componentes do grupo e prestar as orientações necessárias com linguagem clara, para que tenham aplicabilidade na vida dos(as) participantes.

Nessa linha de raciocínio, Zimerman e Osório (1997) ainda mencionam alguns atributos desejáveis a um(a) coordenador(a) de grupo, como gostar de pessoas, apresentar coerência e senso de ética nos seus posicionamentos, ser respeitoso(a) e continente com o grupo, ter paciência com o tempo de cada um(a) e comunicar-se bem.

Na concepção de Tatagiba e Filártiga (2001), em conformidade com a metodologia construtivista, o(a) coordenador(a) deve:

- propiciar a identificação da realidade do grupo;
- assumir uma presença motivadora e menos impositiva;
- ter presença instrumentalizadora e facilitadora;

- conhecer em profundidade as teorias que abordam o funcionamento e o desenvolvimento de grupos e interligá-las com a realidade do conjunto que coordena;
- conhecer e desenvolver sua potencialidade para lidar com pessoas;
- desenvolver a percepção;
- estar motivado(a);
- exercitar a flexibilidade;
- fazer uso de um pensamento sistemático.

Já Northen (1974) sinaliza que é indispensável que o(a) assistente social:

- perceba o relacionamento que há entre o indivíduo e o grupo;
- seja norteado por uma teoria que ilumine o desenvolvimento, a estrutura e a dinâmica dos processos de grupo;
- descubra os meios pelos quais o grupo e os indivíduos que o constituem se desenvolvem e se modificam;
- identifique o conjunto de métodos por meio dos quais pode auxiliar um grupo a atingir seus objetivos.

No cotidiano de trabalho com grupos, o(a) coordenador(a) precisa valer-se de um planejamento para potencializar as experiências grupais dos(as) participantes. Nesse sentido, se o grupo já está constituído e o(a) assistente social passa a desenvolver a coordenação, esse(a) profissional deve se apropriar do processo histórico, ou seja, das atividades e ações ocorridas ao longo do tempo, do dia, horário e local em que os encontros são realizados. Ele precisa também ter o entendimento sobre o propósito dessa intervenção direta com os(as) usuários(as) e a interface com outros profissionais ou instituições se necessário para somar esforços e estabelecer possíveis parcerias.

Caso o(a) assistente social participe do processo desde a formação do grupo, é necessário o entendimento sobre o objetivo ou a finalidade para realizar a inserção dos(as) participantes de acordo com os interesses, as expectativas e as possibilidades presentes. Convém, a cada encontro, fazer um convite aos participantes, esclarecendo a data, o horário e o local da reunião seguinte, pois, assim, evita-se confusão ou esquecimento, bem como reforça-se a participação dos(as) usuários(as). Outro aspecto de suma importância é a formação do grupo em si, a condução desse processo grupal, isto é, as combinações estabelecidas entre o(a) profissional e os(as) participantes referente à dinâmica – debate sobre algum tema específico, exibição de filme, participação em atividade cultural, atividade lúdica, convite para a participação de outros profissionais ou agentes da comunidade, divulgação de ações e atividades.

Alertamos que o(a) assistente social que trabalha com grupos pode se deparar com alguns obstáculos, tais como:

- falta de acesso a veículo para deslocamento até o local onde ocorrem as reuniões;
- escassez de recursos financeiros para a aquisição dos itens indispensáveis para determinadas atividades lúdicas;
- rotatividade dos(as) participantes por motivos diversos (mudança de endereço, desistência, adoecimento, inserção no mercado de trabalho, dispersão, dificuldade para encontrar alguém com quem deixar os filhos, entre outros).

Outro ponto que merece destaque é o trabalho com grupos em programas sociais e políticas públicas que demandam do(a) assistente social a criação de mecanismos de controle da produtividade das intervenções, ou seja, do número de participantes (quantificando um processo que é subjetivo).

Nessa linha de reflexão, Moreira (2013) refere os instrumentos que podem tornar os encontros mais interessantes e melhorar a comunicação de informações e sentimentos referentes a estratégias empregadas anteriormente no serviço social de grupo, ou seja, as atividades coletivas e lúdicas que contribuem para o interesse dos(as) participantes e possibilitam uma reflexão crítica sobre diversas questões. Em síntese, esses instrumentos têm a função de avaliar e favorecer a busca do bem-estar coletivo e individual.

Na medida em que a dimensão pedagógica do serviço social implica sua função na sociedade, isto é, diz respeito aos efeitos da ação profissional na maneira de pensar e agir dos sujeitos individuais e coletivos, ela se revela quando o(a) assistente social atua em prol do processo de participação popular para a politização dos sujeitos numa intervenção crítica, propositiva e reflexiva (Abreu, 2002). Nesse sentido, compete aos(às) profissionais viabilizar o acesso às informações e, assim, contribuir para a compreensão da população usuária acerca das políticas sociais públicas, dos direitos sociais e das leis.

Entretanto, o(a) assistente social depara-se com uma dicotomia: de um lado, o(a) profissional deve tornar viável o acesso aos direitos sociais da população usuária e sua reflexão crítica; de outro, ele(a) não detém as condições de trabalho favoráveis para potencializar o processo grupal. Nas palavras de Abreu (2004, p. 61):

> Assim, os processos contraditórios da luta pela hegemonia na sociedade brasileira incidem sobre a prática profissional dos assistentes sociais, inflexionando sua função pedagógica, cujas alterações refletem, fundamentalmente, as mediações estabelecidas entre o modo peculiar como as atuais transformações se processam no mencionado contexto, as quais reconfiguram, entre outros aspectos: as manifestações particulares da questão social, o novo perfil do mercado profissional de trabalho, as demandas e necessidades sociais, e as condições profissionais na construção de respostas às mesmas em determinada direção. Essas mediações redesenham e reconectam a prática profissional no movimento social mais amplo.

Na esteira de tais preocupações, o trabalho com grupos desafia o(a) assistente social e requer uma postura ativa, inclusiva e comprometida com relação às vivências e à participação de cada um no processo grupal, privilegiando o fortalecimento dos(as) participantes para que sejam sujeitos, e não meros espectadores e ouvintes.

Para saber mais

Filme

VIDA de inseto. Direção: John Lasseter; Andrew Stanton. EUA: Walt Disney Pictures; Pixar Animation Studios, 1998. 107 min.

Essa animação retrata a força das ações coletivas e a importância do processo de comunicação para que um objetivo comum que afeta a vida de todos os personagens seja atingido. Essa potencialização do processo grupal pode, em alguma medida, ser associada ao trabalho com grupos em serviço social.

Livro

MOREIRA, C. F. N. **O trabalho com grupos em serviço social**: a dinâmica de grupo como estratégia para reflexão crítica. São Paulo: Cortez, 2013.

O autor aborda o trabalho do(a) assistente social com grupos e dinâmicas de grupo como instrumentos e técnicas profissionais usados na cotidianidade de trabalho, que se justifica pela coletivização das demandas nos diferentes espaços sócio-ocupacionais.

Síntese

Demonstramos neste capítulo que o grupo, no processo de trabalho do(a) assistente social, propicia um campo interessante de observação do relacionamento entre os(as) usuários(as), suas expectativas e anseios. Esse instrumento também favorece a divulgação de informações a um número considerável de indivíduos, uma vez que os(as) participantes as propagam em suas redes de pertencimento. Em seguida, argumentamos que a comunicação clara e concisa é fundamental para o entendimento das informações trocadas no interior do grupo: experiências de vida, indicações de serviços da rede, dados sobre eventos e campanhas, disponibilização de material impresso, entre outras. Também apresentamos algumas especificidades da conduta do(a) coordenador(a), bem como possíveis obstáculos e barreiras nesse processo que precisam ser observados e contornados, sob o risco de esvaziamento do grupo.

Questões para revisão

1. Qual é a importância do trabalho com grupos no cotidiano profissional do(a) assistente social?

2. As ações do(a) assistente social voltadas para usuários(as), famílias e comunidade devem favorecer o processo de inclusão social, o exercício da cidadania e a garantia de direitos. Cite ao menos dois obstáculos enfrentados no cotidiano de trabalho desse profissional.

3. Assinale a alternativa em que são listados programas e projetos sociais que demonstram a importância do instrumental grupo:
   a) Programa de Erradicação do Trabalho Infantil (Peti); Programa de Atendimento Integrado à Família (Paif); Estratégias de Saúde da Família (ESF); Programa Saúde na Escola (PSE); Programa Infância Melhor (PIM); Programa de Aquisição de Alimentos (PAA).
   b) Convivência familiar; atenção à família; proteção integral à infância e à adolescência.
   c) Registros de ocorrência; estudos de caso; Programa Infância Melhor (PIM); Programa de Aquisição de Alimentos (PAA).
   d) Análise institucional; observação; entrevista; Programa Infância Melhor (PIM); Programa de Aquisição de Alimentos (PAA).

4. Assinale a alternativa que indica atributo(s) desejável(is) a um(a) coordenador(a) de grupo:
   a) Capacidade de invadir o espaço mental dos outros, impondo-lhes os próprios valores e expectativas.
   b) Habilidade para lidar com possíveis emoções que emergem no grupo, dando-lhes um sentido, um significado, e para conter as próprias angústias; estima e confiança em grupos.

c) Aptidão para comunicar-se com uma linguagem técnica, desconsiderando o sentido e as significações das palavras que chegam ao grupo.

d) Poder de unificar e centralizar o objetivo prioritário do grupo, fazendo preponderar o fator *tempo*.

5. Assinale a alternativa que apresenta o conceito de *grupo* formulado por Pichon Riviére:

a) Comunidade na qual se estabelece a relação do indivíduo como um resultado dinâmico e dialético da interação entre o(a) coordenador(a) e o(a) usuário(a).

b) Espaço utilizado para discussão e debates de ideias diversas que não exige um resultado coletivo.

c) Processo que aproxima o(a) facilitador(a) dos(as) participantes e deve promover o senso de responsabilidade compartilhada e participação grupal, além de criar um meio favorável para trocas e aprendizagens, contando com o envolvimento do indivíduo.

d) Os conceitos apresentados nas alternativas a e b definem corretamente a concepção de Pichon Riviére.

Questões para reflexão

1. Com base no capítulo estudado, organize com seus pares a **dinâmica da teia**: os(as) participantes devem ficar em círculo, enquanto o(a) facilitador(a) prende a ponta de um novelo ou cordão em um dos dedos de sua mão. Em seguida, o(a) facilitador(a) pede para os(as) integrantes prestarem atenção na apresentação que fará de si; depois faz uma pergunta geradora e, então, joga o novelo para uma das pessoas que compõem o grande grupo, e assim por diante. No final, joga-se um boneco sobre a teia tramada para incentivar a reflexão de que todos são importantes na imensa teia que é a vida e que é preciso conexão entre os serviços que compõem a rede para que as pessoas sejam atendidas em suas necessidades. Após o término do encontro, elabore um relato dessa atividade, contemplando seus sentimentos e o papel assumido nesse processo.

2. Cite as habilidades necessárias para o(a) assistente social no trabalho com grupos.

3. Responda, com base em Pichon Rivière (1998), como a noção de *vetor* se manifesta no campo grupal.

4. Descreva a evolução do conceito de *grupo* e a correlacione com a ação do(a) assistente social.

5. Quais ações cabem à coordenação de um grupo fundamentado na metodologia construtivista de Tatagiba e Filártiga?

CAPÍTULO 6

Mobilização de comunidades

Conteúdos do capítulo:

- Mobilização de comunidades no cotidiano do(a) assistente social.
- Atendimento descentralizado das políticas públicas sociais.

Após o estudo deste capítulo, você será capaz de:

1. responder na condição de assistente social, em sua atuação profissional, às demandas sociais por meio da mobilização de comunidades e práticas competentes;
2. produzir conhecimentos e propor alternativas para a realidade social por meio de abordagens grupais e reuniões;
3. identificar as potencialidades e as possíveis dificuldades na mobilização de comunidades no cotidiano de intervenção do(a) assistente social;
4. reconhecer a relevância da participação em Conferências e Conselhos de direito e do controle social promovido por ambos.

> *Antes de sermos técnicos que manejam técnicas e instrumentos na ponta da reprodução das relações sociais, temos que ser intelectuais, profissionais teóricos-críticos. [...] rompendo com a subalternidade de classe, que também marca nossa história enquanto profissão e contribuindo para emergir novas formas de hegemonia na sociedade.*
>
> Faustini, 1995, p. 62

Na construção de políticas sociais públicas, serviços sociais, programas, projetos e ações, deve-se levar em conta a participação da família e da comunidade, tanto no que se refere à execução dessas iniciativas quanto ao controle social protagonizado por esses atores envolvidos na luta por serviços e equipamentos de educação, saúde, assistência social, habitação, cultura e lazer, bem como no gerenciamento democrático-participativo desses recursos. Neste capítulo, contemplaremos dois espaços de participação democrática: os **conselhos de direito** e as **conferências**.

6.1 Concepção de *comunidade*

Para iniciarmos, apresentamos o significado da palavra *comunidade*, que Bauman (2003) associa à sensação de se ter um "teto" sob o qual seja possível abrigar-se, onde se está seguro a maior parte do tempo, pois o indivíduo nunca se sente estranho entre os demais. De acordo com o sociólogo polonês:

> Há um preço a pagar pelo privilégio de viver em comunidade. O preço é pago em forma de liberdade, também chamada "autonomia", "direito à autoafirmação" e à "identidade". Qualquer que seja a escolha, se ganha alguma coisa e perde-se outra. Não ter comunidade significa não ter proteção; alcançar a comunidade, se isto ocorrer, poderá em breve significar perder a liberdade. (Bauman, 2003, p. 10)

Podemos afirmar que a busca por esses valores é uma constante em qualquer espaço comunitário, e é justamente essa tensão existente entre **segurança** e **liberdade** que dá corpo e voz à comunidade, evidenciando suas particularidades e estratégias de sobrevivência. Portanto, cada vez mais observa-se a força que os territórios e as comunidades vêm exercendo sobre as populações.

Na publicação *Orientações Técnicas: Centro de Referência de Assistência Social – Cras* (Brasil, 2009), organizada pelo Ministério do Desenvolvimento Social e Combate à Fome, consta a seguinte afirmação:

> As necessidades são ditadas pelo território: só conhecendo suas características pode-se saber quais serviços serão ofertados, ações socioassistenciais desenvolvidas, atenções necessárias, a quem se destinam, quais objetivos se quer atingir, qual metodologia adotar, onde serão ofertados, com que frequência, qual a sua duração, os profissionais responsáveis, qual o papel da rede socioassistencial no atendimento dessa demanda e os demais serviços setoriais necessários. Nessa direção, a busca ativa é fundamental [...] as informações sobre vulnerabilidades, riscos e potencialidades do território aprimoram o diagnóstico social do município, constituindo-se como elementos importantes para a definição de metas e aprimoramento dos serviços socioassistenciais no município. (Brasil, 2009, p. 31)

É nos territórios que se desenvolve a dimensão comunitária, mediante suas potencialidades individuais, coletivas, bem como de suas construções culturais, políticas, sociais, solidárias, entre outras. Por isso, o planejamento e a definição dos instrumentos e das ações requerem primeiramente informações sobre o território e as famílias que nele vivem. Essa demanda está prevista nas orientações técnicas do Cras (Brasil, 2009, p. 40):

> A partir da escolha da concepção de trabalho social com famílias [...] que será adotada, é importante que se desenhe a(s) metodologia(s) a serem implantada(s), de acordo com as características dos territórios, planeje a organização do espaço físico, defina os equipamentos

necessários, os processos de trabalho, a carga horária, e a rotina de planejamento das atividades [...] (acolhida, acompanhamento de famílias e de indivíduos, grupo/oficina de convivência e atividades socioeducativas, visitas domiciliares, busca ativa, atividades coletivas – campanhas, palestras – e acompanhamento dos serviços prestados.

Convém ressaltarmos que, tomando como base o território, pode-se observar o sentimento de pertencimento da comunidade, o que contribui para o engajamento desse grupo em ações voltadas a assuntos e objetivos comuns. Essa experiência não se explica com palavras, não é mensurável, não é questionável, apenas é sentida. De acordo com Tönnies (1947), essa experiência apresenta características importantes, quais sejam:

- **Distinção** – A comunidade difere dos demais agrupamentos humanos e seus limites são bastante visíveis. Tal distinção pressupõe a divisão entre "nós" e "eles" e a facilidade de identificação daqueles(as) que fazem parte do grupo e daqueles(as) que não fazem.
- **Pequenez** – A comunidade é pequena para que esteja à vista de todos os seus membros, ou seja, a comunicação entre os(as) participantes do grupo é densa e alcança a todos(as), excluindo manifestações externas em razão de sua relativa raridade.
- **Autossuficiência** – A comunidade é autossuficiente, pois atende todas as necessidades das pessoas que fazem parte dela. Isso significa que o isolamento em relação às pessoas que não fazem parte desse espaço é quase completo.

O(a) assistente social precisa entender que, ao integrar-se a uma comunidade, o ser humano busca a aceitação do outro, a identificação do grupo, o fortalecimento da união, a força do coletivo. Esses fatores, de modo geral, conduzem à solidariedade, ao apoio mútuo e fomentam ações coletivas engendradas pela união de esforços relativos às demandas e às necessidades daquela comunidade, específicas daquele território.

6.2 Movimentos sociais e serviço social

Os movimentos sociais estão nas raízes de um dos mais importantes marcos históricos do serviço social: o Movimento de Reconceituação do Serviço Social. Faleiros (1997) destaca que, após esse período, a prática do(a) assistente social voltou-se à **transformação social**. Sob a égide do desenvolvimentismo, no cenário brasileiro das décadas de 1950 e 1960, esse profissional passou a atuar no desenvolvimento de comunidades, tendo como objetivo a articulação e a harmonia social entre Estado e sociedade.

O ponto alto dessa relação evidenciou-se especialmente a partir da década de 1980, quando a profissão estreitou relações com os movimentos sociais, contribuindo para a organização desses grupos e a mobilização social, haja vista o engajamento dos(as) assistentes sociais no fortalecimento do poder popular, inclusive na campanha pela criação da Constituição Federal de 1988. Com o passar do tempo, o serviço social voltou-se aos interesses das classes subalternas e comprometeu-se com uma prática de transformação social.

Podemos observar esse vínculo nos princípios do Código de Ética da profissão, de 1993, que estabelece, no item VIII, a "opção por um projeto profissional vinculado ao processo de construção de uma nova ordem societária, sem dominação-exploração de classe, etnia e gênero" (Cfess, 2011a, p. 24). Também referimos o respaldo legal que legitima a participação e o controle social por parte dos cidadãos na Lei Federal n. 8.142, de 28 de dezembro de 1990 (Brasil, 1990), que dispõe sobre a participação da comunidade na gestão do Sistema Único de Saúde (SUS) e define, como instâncias de controle social do SUS, em cada esfera de governo (federal, estadual e municipal), a conferência de saúde e o conselho de saúde.

No art. 204, inciso II, da Constituição Federal de 1988, é assegurada "a participação da população por meio de organizações representativas, na formulação das políticas e no controle das ações em todos os níveis" (Brasil, 1988). Nesse sentido, está instituída no âmbito das políticas públicas a participação social como eixo fundamental na gestão e no controle das ações do governo. Após a promulgação da Constituição Cidadã, surgiu o desafio de operacionalizar tais preceitos constitucionais, ou seja, de consolidar a gestão descentralizada das políticas públicas.

Contudo, convém ressaltarmos que, além dos conselhos e conferências, há outros espaços voltados aos interesses sociais, tais como o Ministério Público, os conselhos de profissões, os órgãos de defesa do consumidor e, ainda, alguns meios de comunicação e movimentos sociais. A experiência dos conselhos na sociedade brasileira não é nova; segundo Bravo e Menezes (2012, p. 278-279):

> Um dos mecanismos importantes de controle social são os conselhos de saúde composto por usuários, gestores, prestadores públicos e privados e trabalhadores, de caráter permanente, deliberativo e paritário. O objetivo principal do conselho é discutir, elaborar e fiscalizar a política [...] em cada esfera do governo. Concebidos como um dos mecanismos de democratização do poder na perspectiva de estabelecer novas bases de relação entre o Estado-sociedade por meio da introdução de novos sujeitos políticos. Nesse contexto, podem ser visualizados como inovações na gestão das políticas sociais, procurando assegurar que o Estado atue em função da sociedade, no fortalecimento da esfera pública.

Os conselhos propiciam o exercício da participação e do controle social; entretanto, Bravo e Menezes (2012) assinalam alguns obstáculos enfrentados em decorrência da cultura política brasileira, que impediu a criação de espaços de participação no processo de gestão das políticas: a burocratização, a ênfase nos aspectos administrativos, o clientelismo e o patrimonialismo e a cooptação da população pelo favor, e não pela perspectiva de sujeito detentor de direitos e responsabilidades.

A despeito desse contexto, os conselhos são importantes mecanismos para a democratização do espaço público e para a mudança da cultura política brasileira, das pautas de debate e deliberação ligadas à condução das políticas sociais públicas, dos convênios para prestação de serviços de interesse social, do orçamento e da gestão. Por conseguinte, os conselhos representam o controle da sociedade sobre as ações do Estado e geralmente estão vinculados ao órgão gestor da política social pública, que deve prover a infraestrutura para seu funcionamento englobando recursos materiais, humanos e financeiros. Também cabe aos conselhos (nas três esferas de governo) o acompanhamento da execução da política, assim como a apreciação e a aprovação da proposta orçamentária, em consonância com as diretrizes das conferências estaduais, municipais, distrital e nacional. Cabe ressaltarmos que os conselhos têm caráter permanente, deliberativo e paritário.

As conferências, por sua vez, ocorrem a cada quatro anos, com representantes de vários segmentos sociais, os quais têm a função de avaliar a situação da política pública e propor diretrizes para sua formulação em todos os níveis, podendo ser convocadas pelo Poder Executivo ou pelos conselhos de direito.

A representação dos(as) usuários(as) dos serviços sociais, tanto nos conselhos quanto nas conferências, deve ser paritária, o que significa dizer que sua composição deve ser de 50% de usuários(as), 25% de trabalhadores(as) e 25% de gestores(as) e prestadores(as) de serviço. Além desses espaços de controle dos interesses sociais, é preciso valer-se de outros mecanismos estratégicos para a garantia da democratização e do poder decisório sobre as políticas sociais públicas, por meio da participação nos conselhos profissionais, fóruns de debate, entre outros.

A realização de conferências constitui-se em uma mobilização política que objetiva a garantia de direitos. Contudo, permanece o desafio de mobilizar contínua e permanentemente os diferentes atores sociais no intuito de ampliar a participação da comunidade na organização e na fiscalização da execução das políticas sociais públicas, com vistas a qualificá-las.

6.3 Participação e controle social

O controle social previsto na Constituição de 1988 consiste em uma estratégia de mobilização política para o enfrentamento das transformações societárias causadas pelo impacto da crise do capital, que atinge as políticas públicas de educação, saúde, previdência, segurança, assistência social, habitação e, consequentemente, repercute na garantia de acesso aos direitos de usuários(as) e famílias.

No cenário contemporâneo, deparamo-nos com o enfraquecimento e a desmobilização de sindicatos, organizações não governamentais (ONGs) e conselhos de direitos. Esse fenômeno está intrinsecamente ligado à flexibilização nas relações de trabalho, às práticas de terceirização, à insegurança gerada pelo discurso por qualificação e polivalência profissionais, à precarização das condições do trabalho, às repercussões na saúde de trabalhadores, à rotatividade de profissionais nesses espaços, entre outros fatores.

Nessa perspectiva, os novos movimentos sociais assumem um caráter de denúncia de novas formas de opressão e controle que vão na contramão da busca por emancipação, equidade, justiça e cidadania. Para Faleiros (2002), as apropriações da informação e do conhecimento são importantes na disputa entre capitalismo, sociedade, Estado e democracia e para a criação de um espaço de aglutinação, crítica e construção de pensamento opositor interno à democracia, que se aprofunda tanto sob o viés da **crítica** quanto da **resistência**.

Essa realidade adversa suscita críticas e até descrença na participação social em face da institucionalização dos movimentos sociais, que sinalizam a perda de seu poder de mobilização e oposição.

Muitas pessoas que integravam movimentos sociais constituíram ONGs que recebem recursos advindos de governos, o que tende a comprometer sua crítica política. Essa situação é facilmente detectada nas reuniões de conselhos de direitos, quando estão em pauta orçamento, convênios, monitoramento e avaliação de gestores em relação à execução de programas, projetos e ações.

Todavia, é por meio da participação e do controle social que a população usuária garante o direito às informações sobre serviços socioassistencias (governamentais e não governamentais), programas, projetos e benefícios sociais e obtém acesso aos dados relacionados ao uso do dinheiro público. Por essa lógica, o direito à participação na gestão e no controle social das ações efetivado pelos conselhos de direitos precisa ser sistematicamente reforçado nas comunidades, nos atendimentos prestados aos(às) usuários(as) para que exerçam e ocupem esses espaços de debate democrático em políticas públicas como assistência social, saúde, educação, entre outras que se sobressaem como espaços privilegiados em que se efetiva o controle social e a participação. Diante dessa realidade, o(a) assistente social é chamado(a) a participar!

Em suma, a participação social pode ser institucionalizada na Administração Pública, como os conselhos e as conferências, mas a participação política e o controle social podem ser organizados de forma legítima e livre por grupos, entidades e movimentos sociais. Uma conferência só acontece mediante a articulação de diferentes atores sociais, como gestores, trabalhadores, estudantes e conselhos, e com o engajamento da comunidade em suas diferentes formas de organização social. Esse processo precisa ocorrer de forma contínua, e não somente em ano de conferência.

Para saber mais

BRAVO, M. I. S.; MENEZES, J. S. B. de (Org.). **Saúde, serviço social, movimentos sociais e conselhos**: desafios atuais. São Paulo: Cortez, 2012.

Seguindo à risca a premissa de Marx, as autoras contribuem para decifrar a realidade, envidando esforços para determinar qual é o potencial político dos movimentos sociais, dos sindicatos, dos partidos políticos e dos conselhos de política e de direitos na atual realidade brasileira.

Síntese

Neste capítulo, explicamos que a mobilização de comunidades advém da necessidade de participação e de controle social por parte da população em relação à gestão das políticas públicas, por meio de conselhos de direito e conferências. Em seguida, argumentamos que a mobilização representa um espaço de socialização e reivindicação por objetivos e interesses comuns: melhorias na comunidade, saneamento básico, programas de moradia popular, qualidade dos serviços prestados à população, entre outros. Demonstramos que é perceptível o poder de alteração do quadro da realidade proporcionado pela mobilização de comunidades referente às demandas coletivas, bem como a elaboração de projetos e programas que propõem soluções para a vida da comunidade, do grupo, da instituição, ou para uma situação determinada. É possível alterar situações da realidade social, visto que os(as) usuários(as) são sujeitos dessa mudança. A intervenção do(a) assistente social na mobilização de comunidades possibilita o fortalecimento da identidade individual, grupal e social.

Questões para revisão

1. De acordo com Constituição Federal de 1998, assinale a alternativa correta a respeito da participação popular:
   a) É um dever do Estado, que deve preservá-la por meio da atenção médica.
   b) Ocorre por intermédio de organizações representativas na formulação de políticas e no controle de ações em todos os níveis.
   c) É um direito do(a) cidadão(ã) usufruir dela pelo seu poder de consumo e inserção no mercado de trabalho.
   d) É um dever do(a) cidadão(ã) preservá-la como um bem privado.

2. As conferências ocorrem a cada quatro anos, com representantes de vários segmentos sociais, os quais têm a função de avaliar a situação da política pública e propor diretrizes para sua formulação em todos os níveis. Assinale a alternativa que indica a porcentagem de cada grupo que compõe uma conferência:
   a) 50% de usuários(as), 25% de trabalhadores(as) e 25% de gestores(as) e prestadores(as) de serviço.
   b) 30% de usuários(as), 35% de trabalhadores(as) e 35% de gestores(as) e prestadores(as) de serviço.
   c) 50% de trabalhadores(as) e 50% de gestores(as) e prestadores(as) de serviço.
   d) 70% de usuários(as), 15% de trabalhadores(as) e 15% de gestores(as) e prestadores(as) de serviço

3. Os conselhos são espaços que propiciam a participação e o controle social, mas podem enfrentar alguns obstáculos. Assinale a alternativa em que são listadas essas dificuldades:
   a) Grande interesse da população na composição dos conselhos de direitos; relação de cooperação existente entre usuários(as) e gestores(as) das políticas públicas.
   b) Burocratização; ênfase nos aspectos administrativos; clientelismo; patrimonialismo.

c) Participação popular na perspectiva de sujeito dependente de tutela e de direitos.

d) Utilização dos conselhos voltada ao benefício individual, sem oferecer respostas às demandas sociais e coletivas.

4. Como é possível fortalecer a atuação dos conselhos de direitos?

5. Que pautas e ações podem ser articuladas entre os conselhos de políticas públicas?

Questões para reflexão

1. Que ferramentas de mobilização social podem ser utilizadas para fortalecer a participação e o controle social em seu município?

2. Diferencie *conselhos* de *conferências* e justifique sua resposta.

3. Qual é o posicionamento do Conselho de Saúde e de Assistência Social de seu município diante das demandas sociais da população e que ações são desenvolvidas pela instituição?

4. Este capítulo instiga a uma reflexão importante sobre o trabalho nas comunidades. Entre os elementos pertinentes a essa reflexão está a formulação de estratégias coletivas na busca pela resolução de demandas comuns. Pesquise em seu bairro ou em sua cidade outros exemplos de mobilização comunitária que possibilitaram a melhoria da qualidade de vida, o fortalecimento da cidadania e a ampliação de direitos para comunidade, moradores(as) e usuários(as). Em seguida, elabore um relato de experiência dessa aprendizagem.

5. Quais são os principais obstáculos enfrentados pelos conselhos e quais são as funções desses grupos?

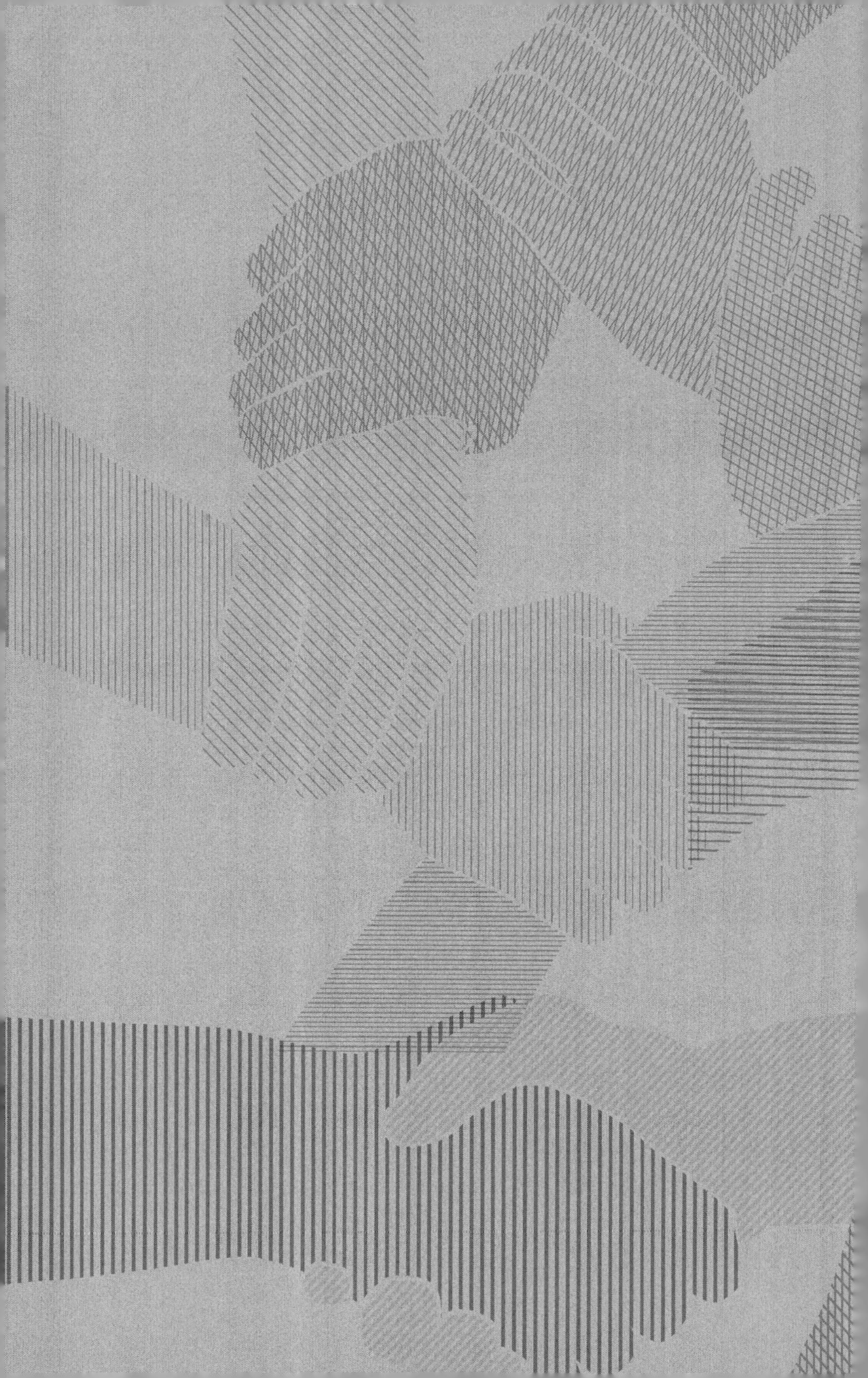

CAPÍTULO 7

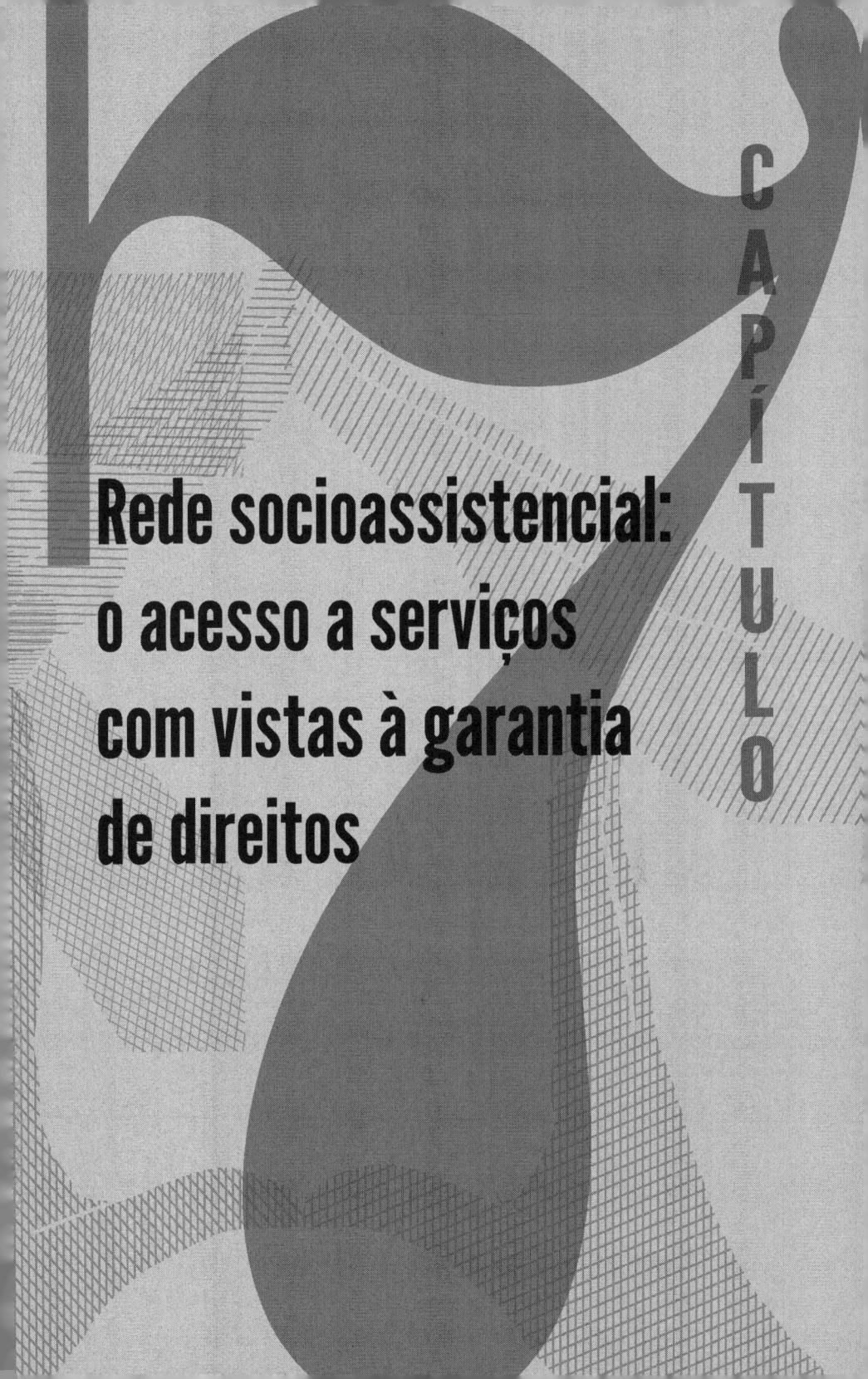

Rede socioassistencial: o acesso a serviços com vistas à garantia de direitos

Conteúdos do capítulo:

- Pressupostos teóricos da rede socioassistencial.
- Articulação com a rede no cotidiano de trabalho do serviço social.
- Transição da prática assistencial para a prática política e emancipadora dos sujeitos atendidos.

Após o estudo deste capítulo, você será capaz de:

1. delimitar as diferentes concepções sobre a rede no trabalho do(a) assistente social como estratégia metodológica;
2. relacionar o trabalho na perspectiva das redes no empoderamento da população usuária e das respectivas instituições envolvidas no atendimento às demandas sociais;
3. situar-se a respeito da rede socioassistencial e suas repercussões nos diferentes espaços sócio-ocupacionais, principalmente quanto às competências técnico-operativa, teórico-metodológica e ético-profissional desempenhadas pelo(a) assistente social;
4. compreender teórica, política e criticamente a rede na prática do(a) profissional do serviço social;
5. reconhecer as principais competências requeridas ao(à) assistente social nas articulações da rede.

> *Uma rede só pode ser potencializada na medida em que as próprias conexões "injetam" elementos de potencialização, o que se expressa na interação social das pessoas, do amar, do sentir-se bem, da passagem da solidão à convivência, da carência para as expressões de afetividade, entre outros elementos.*
> Kern, 2002, p. 54

Neste capítulo, propomos refletir sobre as articulações da rede – uma das metodologias centrais para a intervenção profissional com vistas ao acesso a bens e serviços sociais por meio de programas, projetos e serviços disponíveis – para a superação das situações de vulnerabilidade e risco social às quais usuários(as) e famílias se encontram assujeitados(as). Nessa perspectiva, a rede representa um recurso cujas ações concretas e articuladas são responsabilidade do Estado e dos atores sociais que assumem o compromisso pela promoção, proteção e defesa dos diferentes segmentos populacionais (pessoas com deficiência, pessoas idosas, crianças e adolescentes, mulheres, indígenas, afrodescendentes, entre outros) que veem violados os seus direitos.

7.1 Rede como estratégia de articulação para o(a) assistente social

Na contemporaneidade, as intervenções em rede são uma das metodologias centrais para a intervenção do(a) assistente social e um desafio, pois as ações efetivadas nesse campo são complexas. Essa complexidade associa-se com o contexto sociocultural e com as teias de relações do ser humano, construindo, assim, sua rede social. Tal construção exige que o(a) assistente social (re)pense e (re)crie suas ações, estendendo-as a um campo interdisciplinar, com o propósito de desenvolver mecanismos para a superação de dificuldades e carências que demarcam a existência das individualidades sociais.

Conforme Vilela e Mendes (2003, p. 529):

> A interdisciplinaridade é considerada uma inter-relação e interação das disciplinas a fim de atingir um objetivo comum. Nesse caso, ocorre uma unificação conceitual dos métodos e estruturas em que as potencialidades das disciplinas são exploradas e ampliadas. Estabelece-se uma interdependência entre as disciplinas, busca-se o diálogo com outras formas de conhecimento e com outras metodologias, com o objetivo de construir um novo conhecimento. Dessa maneira, a interdisciplinaridade se apresenta como resposta à diversidade, à complexidade e à dinâmica do mundo atual.

Nessa dinâmica, evidencia-se a importância de ações intersetoriais e transversais que envolvam Poder Público e sociedade, tendo como objetivos a plena garantia de direitos e o verdadeiro desenvolvimento social. Dessa forma, a rede de serviços possibilita ao ser social, independentemente das intersecções (raça-etnia, credo, gênero, condição social, diversidade sexual, deficiência, grupo etário, diversidade cultural), acessar a estrutura organizacional da sociedade para auxiliar nas suas demandas mediante políticas públicas.

Portanto, a rede socioassistencial promove o acesso a bens e serviços sociais dispostos na estrutura organizacional, assegurando as condições para o exercício da **identidade**, da **cidadania** e da **autonomia**. Daí a importância das intervenções dos(as) diversos(as) profissionais envolvidos(as) com a garantia de direitos, com o intuito de articular ações para o acesso universal de direitos em um contexto de aprofundamento das desigualdades sociais. De acordo com Teske (2005, p. 355),

> O objetivo do conceito de acessibilidade universal é o de simplificar a vida de todos, fazendo com que os produtos, as comunicações e o meio edificado sejam mais utilizáveis por um número cada vez maior de pessoas, a um preço baixo e sem custos adicionais. Esse conceito tem por alvo pessoas de todas as idades, estaturas e capacidades.

É por meio das ações sociais que se materializam as políticas públicas. Entretanto, não podemos deslocar o papel dessas iniciativas na sociedade capitalista, pois, recuando no tempo, em especial na década de 1940, conforme Montaño (2007), essas políticas se voltavam à necessidade de controle social, sendo formuladas para minimizar os impactos da industrialização e legitimar a ordem burguesa mediante ações de cunho moralizante e com abordagens paliativas, colocando o sujeito como único responsável pelas situações-problema enfrentadas. Em outras palavras, essas ações eram realizadas sem a compreensão das questões conjunturais que incidiam também sobre esse sujeito.

Ao correlacionarmos as noções de **cidadania** e **inclusão social** com o conceito de **acessibilidade**, cabe lembrarmos as palavras de Fernandes e Lippo (2003, p. 287):

> No horizonte de novos significantes que situem os seres sociais na possibilidade de exercer sua singularidade, conclui-se que o social precisa se tornar acessível para comportar a diversidade da condição humana. Acessibilidade que precisa ser universal, ou seja, para todas as pessoas e não um "lugar especial" designado para pessoas com deficiência, como uma marca para determinados sujeitos que precisam deste espaço. Propõe-se aqui, neste conceito de acessibilidade universal, que não seja o sujeito unicamente pela sua diferença que precisa de um lugar especial marcado no social. É a sociedade que precisa, por meio de suas diferentes instituições e instâncias, adequar-se às diferenças singulares dos sujeitos que a compõem. Uma sociedade só poderá se desenvolver democraticamente e propiciar o espaço de humanidade para seus cidadãos quando estiver capacitada a atender às diferentes necessidades e peculiaridades dos seres sociais que vivem suas vidas cotidianamente em seu contexto.

Nesse contexto, torna-se fundamental a participação social dos diversos grupos sociais – idosos(as), pessoas com deficiência, crianças e adolescentes, mulheres em situação de violência, afrodescendentes, indígenas, entre outros – na defesa de seus direitos. Por esse motivo, é de extrema importância que os(as) profissionais (re) pensem e (re)criem ações, fazendo uma revisão crítica e questionadora de suas práticas, com vistas a mudanças sociais, econômicas, políticas e culturais, com articulação em rede, para a elaboração de processos sociais emancipatórios. Essa postura inclui a mobilização social, cujo enfrentamento eficaz das desigualdades depende da viabilidade de qualquer projeto de país que valorize a ampliação da concepção de cidadania para a inclusão social.

7.2 Noções de rede

Uma rede pode ser entendida como uma estrutura social composta por pessoas ou organizações que partilham valores e objetivos comuns e mantêm relações. Nessa perspectiva, uma rede exige sintonia com a realidade e o contexto social, como aquela que envolve a articulação entre sujeitos de setores sociais diversos, portanto, de saberes, poderes e interesses diferentes que se unem a fim de abordar uma situação em conjunto. Essa forma de trabalhar, pensar e propor políticas públicas favorece a superação da fragmentação dos conhecimentos e das estruturas sociais e fomenta efeitos mais representativos para a população usuária.

A dinâmica esquematizada na Figura 7.1 ilustra a vivência, as potencialidades e as dificuldades do sujeito, bem como a qualificação, de formas variadas, das condições de vida do(a) usuário(a) dos serviços sociais.

Figura 7.1 – Tessitura da rede

Conexões (vínculos estabelecidos)

Linhas (teias)

Espaços vazios (pessoas e instituições sociais)

senee sriyota/Shutterstock

Para Sluzki (1997, p. 41),

> a rede social pessoal pode ser definida como a soma de todas as relações que um indivíduo percebe como significativas ou define como diferenciadas da massa anônima da sociedade. Essa rede corresponde ao nicho interpessoal da pessoa e contribui substancialmente para seu próprio reconhecimento como indivíduo e para a sua autoimagem. Constitui uma das chaves centrais da experiência individual de identidade, bem-estar, competência e agenciamento ou autoria, incluindo os hábitos de cuidado da saúde e a capacidade de adaptação em uma crise.

Sendo assim, o uso da rede como estratégia de articulação demonstra a necessidade de reunir ações e recursos para a superação de problemas sociais existentes, pois *rede* remete à ideia de articulação, de ações e interdependência de serviços para garantir a integralidade de segmentos sociais vulnerabilizados. Resumidamente, não se trata somente de integração e soma dos serviços, mas, sobretudo, da articulação da resposta a determinadas demandas sociais.

De forma mais abrangente, a rede contempla conceitos de articulação, conexão, relações horizontais, integração, intersetorialidade e complementaridade. Sobre esse assunto, Mioto (2002, p. 52) reitera que as "formas tradicionais de intervenção motivadas pelos princípios da segmentação de necessidades e por responsabilidades setorizadas e especializadas são inócuas diante da realidade atual".

Segundo Serres (citado por Scisleski; Maraschin, 2009), a rede apresenta duas dimensões: a **topológica**[1] e a **ontológica**[2]. Naquela dimensão, a rede é entendida como um modo de organização espaço-temporal que estabelece fluxos e recorrências entre seus nós, podendo, dessa forma, ser mapeável – característica que torna essa dimensão a mais concreta da rede. Já na dimensão ontológica,

---

[1] A topologia é o ramo quantitativo da matemática que trata das relações espaciais estabelecidas em termos de parte e todo. Cabe ressaltarmos que os conceitos matemáticos podem ser aplicados em outras áreas, desde que sejam relacionados a conteúdos específicos (Rosa, 1972).

[2] A ontologia é o ramo da filosofia que trata da natureza da existência ou do ser como ser, independentemente de quaisquer objetos existentes (ontologia filosófica) (Outhwaite; Bottomore, 1996).

a rede é tida como produtora de sentidos, de objetos, de posições subjetivas, de instituições, de práticas e saberes.

Destacamos que a conexão da rede depende de processos de comunicação para constituir-se como tal. A articulação dos múltiplos atores sociais, seus diversos arranjos e suas ações diferenciadas somente são viabilizadas mediante troca de informação. Por isso, a **comunicação** é o elemento facilitador dessa interface entre a rede para a defesa e garantia de cidadania.

Podemos ainda pensar o conceito de *rede* utilizando a noção de **rizoma**[3], proposta por Deleuze e Guattari (2000) como uma forma de expressar as multiplicidades e produzir acontecimentos, sem estrutura definida, mas apresentando novas formas construídas a todo instante.

Segundo Kastrup (2004), a rede é uma versão empírica e atualizada do rizoma de Deleuze e Guattari (2000), caracterizada por seis princípios de funcionamento:

1. **Princípio de conexão** – As ligações não obedecem a nenhuma ordem hierárquica, ocorrem graças a contágio mútuo ou aliança.
2. **Princípio de heterogeneidade** – As análises transcendem a noção de linguagem.
3. **Princípio de multiplicidade** – A rede apresenta diferenças internas.
4. **Princípio de ruptura a-significante** – Tensão entre movimento inventivo e formas.

---

[3] Em botânica, chama-se *rizoma* um tipo de caule que algumas plantas verdes apresentam e que cresce horizontalmente; muitas vezes subterrâneo, pode também ter porções aéreas. O caule do lírio e da bananeira é totalmente subterrâneo, mas certos fetos desenvolvem rizomas parcialmente aéreos. Certos rizomas, como em várias espécies de capim (gramíneas), servem como órgãos de reprodução vegetativa ou assexuada, desenvolvendo raízes e caules aéreos nos seus nós. Em outros casos, o rizoma pode servir como órgão de reserva de energia, na forma de amido, tornando-o tuberoso, mas com uma estrutura diferente de um tubérculo. Segundo Deleuze e Guattari (2000), que utilizam esse conceito em seus trabalhos de filosofia, um rizoma não começa nem conclui; ele se encontra sempre no meio, entre as coisas (Deleuze; Guattari, 2000).

5. **Princípio da cartografia** – Inventividade conectável em todas as dimensões.
6. **Princípio da decalcomania** – As raízes são relacionadas ao rizoma, as representações estão ligadas.

Portanto, a rede não é somente o encontro de nós ou a informação dos serviços da região; é o contato, a relação entre esses serviços, entre os sujeitos envolvidos. Da mesma forma funciona a interdisciplinaridade: não se trata da relação que tais serviços e sujeitos podem ter, mas da relação entre as disciplinas. Podemos pensar que tanto a rede quanto a interdisciplinaridade seguem os princípios do rizoma.

A descentralização possibilita à rede a organização do ponto comum de aglutinação de determinada região ou sub-região: um Estado, um conjunto de municípios, uma cidade, um conjunto de bairros, entre outros.

Assim, na rede como **metáfora da articulação social** (Scheunemann; Hock, 2007), as pessoas e as instituições ocupam os espaços vazios, ao passo que os fios representam as teias constituídas, isto é, as relações sociais estabelecidas com as instâncias sociais, e os pontos são as conexões e vínculos formados. Com isso, podemos afirmar que uma rede não é composta por instituições, mas pelas pessoas que as integram e representam.

Segundo Kern (2004, p. 119-120),

> Falar sobre as teias e redes sociais, acima de tudo, é partir da premissa de que a vida é um direito incondicional de todos. Potencializar teias e redes é construir fundamentos para que a vida tenha a sua continuidade, mesmo que ameaçada sob todos os aspectos.
>
> Conceber a rede enquanto um sistema aberto é pensá-la na direção da aprendizagem que potencializa as relações estabelecidas. Por mais que a rede expresse um sentido de complexidade de relacionamentos sociais, ela sempre está expressando os níveis de relacionamentos que possam e/ou que estão sendo estabelecidos.

Baran (citado por Ugarte, 2008) desenhou três topologias de rede que descrevem a estrutura daquilo que mais tarde seria a *internet*. Essas três topologias constituem metáforas importantes para a compreensão da organização de uma rede, que pode ser: **centralizada, descentralizada** ou **distribuída**. Em cada uma das três opções, o que muda é a maneira de unir os pontos. No entanto, convém destacarmos que uma rede não comporta centro, pois cada ponto conectado pelo emaranhado de linhas pode vir a ser o centro da rede em determinado momento.

Figura 7.2 – Topologias de rede

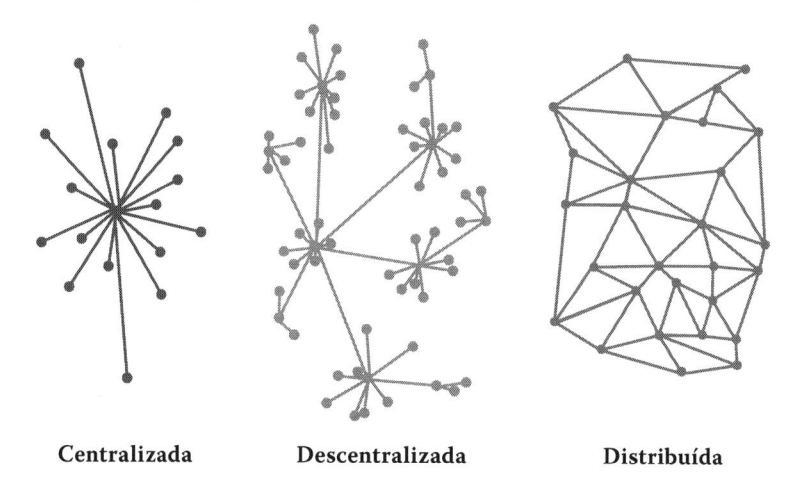

Centralizada   Descentralizada   Distribuída

Fonte: Adaptado de Baran, citado por Ugarte, 2008, p. 21.

Nas redes centralizadas, todos dependem exclusivamente de um ente que centraliza as informações e as ações, ao passo que nas redes descentralizadas muitos dependem de alguns poucos para receber essas informações. Já nas redes distribuídas, o recebimento e a distribuição de informações não é atribuição de um agente; a capacidade de intercomunicação é que define e estabelece a rede distribuída.

Uma rede distribuída é comparada a um sistema aberto, cujo princípio é o nó – o elo que possibilita as multiplicidades de trocas e conexões. Muitas são as fronteiras dessa rede, muitas são as possibilidades de acesso, sendo possível, até mesmo, focar em determinado tema, segmento ou área de atuação.

A articulação dos(as) diversos(as) profissionais em rede possibilita o acesso aos recursos existentes na estrutura social. Conforme Kern (2002), a visão de mundo torna presente a dimensão das redes de instituições sociais considerando-se as estruturas vivas da sociedade; assim, a atuação torna-se mais aberta às necessidades que se apresentam. Por isso, as estruturas vivas da rede são um espaço de liberdade para a execução de ações conjuntas, atribuindo ao(à) usuário(a) a capacidade de transformar sua própria realidade.

Dessa forma, o trabalho em rede objetiva o fortalecimento do sujeito quando este acessa seus direitos sociais e a cidadania – a rede representa a instância instituída, e a teia ou o fio consiste na conexão entre elementos. De acordo com Faleiros (1999, p. 25), na intervenção de redes,

> o profissional não se vê nem impotente nem onipotente, mas como sujeito inserido nas relações sociais para fortalecer, a partir das questões históricas do sujeito e das suas relações particulares, as relações destes mesmos sujeitos para ampliação de seu poder, saber e de seus capitais. Trata-se de uma teoria relacional do poder, de uma teoria relacional de construção da trajetória.

Essas inter-relações reforçam o grande desafio para a efetivação do projeto ético-político, qual seja o de torná-lo executável para o exercício profissional, o que exige dos(as) profissionais um enorme esforço para integrar teoria e prática. Isso demanda, entre outros atributos, senso crítico sofisticado e capacidade propositiva para desenvolver ações.

Nesse caso, os(as) assistentes sociais despendem energia e as extraem do próprio meio. Sendo assim, ser humano e meio são inseparáveis e, por esse motivo, denominados por Morin (2000) *seres auto-e-co-organizadores*. Essa integração entre ser humano e meio reforça a ideia de rede como sistema aberto, em movimento constante, com entrada e saída de membros ou instituições; um sistema ao mesmo tempo dinâmico e flexível, instável e transitório. Porque cada integrante é responsável por suas inter-relações e interfaces na rede, sua participação se efetiva diretamente, e não por representação, diferentemente do que acontece em um conselho ou em uma conferência.

Faleiros (1997, p. 24) afirma que "a construção de redes envolve tanto a família como vizinhos, amigos, relações de trabalho, escolares e comunitárias, a partir dos sujeitos implicados". O sujeito carrega, em sua trajetória, uma história de medos, sofrimento, angústias e fragilidades que requerem intervenções profissionais que aumentem as forças do(a) usuário(a). Essas iniciativas têm o potencial de mover a rede social desse indivíduo numa dimensão de garantias de direitos e exercício da cidadania.

Apesar dos vários desafios, ressaltamos que esse tipo de organização promove o empoderamento de cada integrante e, ao mesmo tempo, da rede em sua totalidade. Toda a potencialidade da rede pode convergir para um ponto específico. As demandas apresentadas fazem que o procedimento do(a) profissional seja caracterizado pela articulação de estratégias de ação, com a intencionalidade de situar o sujeito no cotidiano e na história ao promover seu fortalecimento. Conforme Kern (2002), trabalhar em rede é trabalhar com o **pertencimento social** e fazer o(a) usuário(a) perceber que ele(a) precisa interagir, opinar, enfim, empoderar-se.

Eis aí a importância de assistentes sociais comprometidos(as) e sensibilizados(as) no atendimento aos(às) usuários(as), às famílias e às comunidades. Esses atores são peças-chave para a garantia de direitos sociais e, em especial, para a articulação da rede como uma das estratégias rumo à defesa dos direitos dos segmentos sociais mais vulnerabilizados. Essa defesa está relacionada a políticas públicas direcionadas às questões referentes à vida social, à educação, ao trabalho, à saúde, à segurança, à assistência social, entre outras demandas.

O desafio no cotidiano de trabalho do serviço social é fazer os diversos atores sociais se sentirem gestores desse processo de articulação em rede. Também é importante que a participação efetiva do(a)a assistente social não seja apenas de representação, mas de protagonismo e empoderamento.

Para saber mais

Filme

A REDE social. Direção: David Fincher. EUA: Sony Pictures, 2010. 121 min.

O filme trata do início do Facebook© e apresenta as relações estabelecidas e as disputas motivadas pela ganância e pelo lucro. O sucesso da rede social leva os envolvidos na trama a complicações na vida social e profissional.

Livro

TURCK, M. da G. M. G. **Rede interna e rede social**: o desafio permanente na teia das relações sociais. 2. ed. Porto Alegre: Tomo, 2002.

A autora apresenta a concepção de rede em um processo de construção permanente, seja no plano individual, seja na dimensão coletiva, que possibilita a potencialização dos recursos.

Síntese

Neste capítulo, constatamos que a rede é um elemento fundamental no processo de trabalho do(a) assistente social num cenário em que é necessário empregar estratégias metodológicas para atender a demandas complexas. Portanto, a articulação com a rede pressupõe a interdisciplinaridade na troca de experiências e conhecimento sobre a realidade social, a intersetorialidade entre os serviços envolvidos no atendimento à população e a transversalidade entre as políticas públicas e específicas. Demonstramos também que a articulação com a rede amplia as perspectivas de novas ações profissionais e é um processo constante. O entendimento de rede na construção do processo de trabalho do(a) assistente social fortalece o(a) profissional na sua intervenção com usuários(as) implicados(as) no protagonismo, na ampliação do acesso a bens e serviços, bem como no fortalecimento da sua identidade, autonomia e cidadania.

Questões para revisão

1. Relacione o trabalho na perspectiva de redes quanto ao pressuposto teórico e à sua respectiva operacionalização, caracterizando a rede como estratégia metodológica.

2. Conceitue *rede, teias* e *vínculos*.

3. A intervenção de redes, de acordo com Faleiros (1999), compreende que:
   a) o(a) profissional não se vê nem impotente nem onipotente, mas como sujeito que, com base nas questões históricas e particulares, visa ajudar o(s) usuário(s) a ampliar o próprio poder, saber e seus capitais.
   b) se trata de uma correlação de força e de poder, ou seja, que prioriza a prática assistencial em vez da prática politizada.
   c) se trata de uma teoria relacional de construção da trajetória dos sujeitos subalternos em uma perspectiva individual.
   d) a promoção da inclusão social não é contemplada pela ação profissional do(a) assistente social.

4. Assinale a alternativa que apresenta as palavras que completam corretamente a frase a seguir:
   Uma rede pode ser entendida como uma _____ social composta de pessoas ou _____ que partilham valores e _____ e mantêm _____.
   a) estrutura; organizações; objetivos; relações.
   b) instância; relações; práticas; sentimentos.
   c) temática; elementos; objetivos; relações.
   d) estrutura; organizações; demandas; necessidades.

5. A rede é uma construção permanente, individual, ou coletiva, que prioriza a passagem da prática assistencial para a prática

política. Nesse sentido, é certo afirmar que a rede contempla conceitos de:
a) enredamento, fragilização, enfrentamento, fragmentação e interdisciplinaridade.
b) articulação, conexão, relações horizontais, integração, intersetorialidade e complementaridade.
c) mediação, fragilização, exclusão, escassez de recursos.
d) articulação, conflito, embate, relações verticais, segregação.

Questões para reflexão

1. Expresse seu entendimento a respeito do trabalho do(a) assistente social segundo a perspectiva de redes sociais.

2. Considerando que o ser humano é o elemento mais importante na configuração da organização em rede, conceitue *rede social* e exemplifique como o trabalho do(a) assistente social é operacionalizado de acordo com essa perspectiva.

3. Qual é a relação entre interdisciplinaridade e processo de trabalho do(a) assistente social na perspectiva de rede?

4. Estabeleça sua própria rede social de apoio e identifique o tipo de suporte que recebe, quem são os atores envolvidos, a natureza dessas trocas e o grau de simetria existente. Em seguida, represente sua rede graficamente com base na ilustração a seguir:

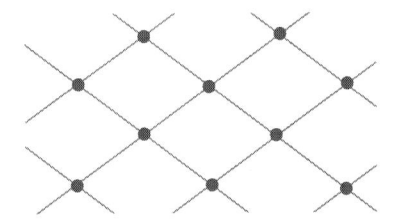

5. O trabalho na perspectiva de redes sociais requer do(a) assistente social qualificação e conhecimentos. Cite as competências e as habilidades necessárias a esse profissional e justifique sua resposta.

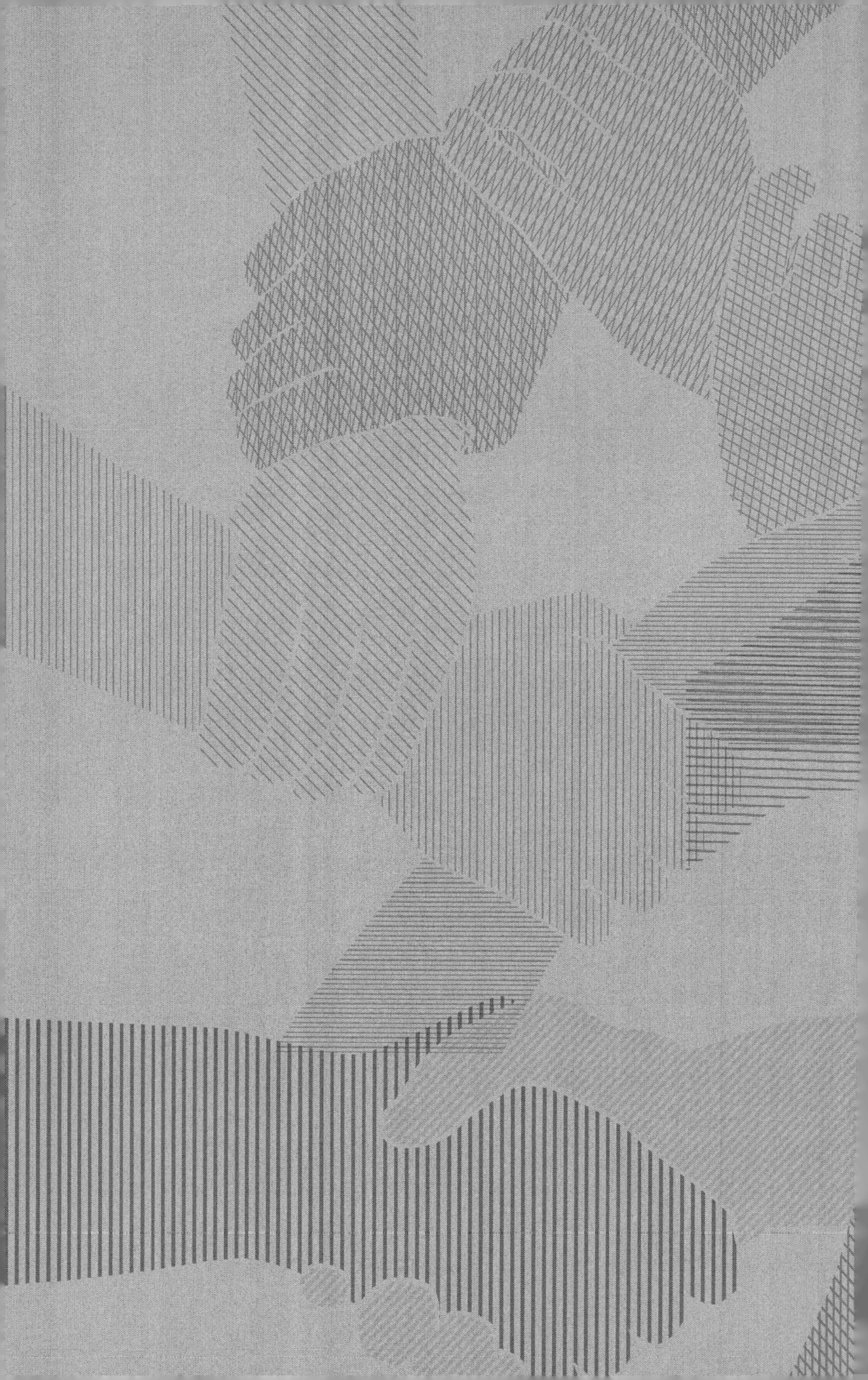

CAPÍTULO 8

A documentação do cotidiano de trabalho do(a) assistente social

Conteúdos do capítulo:

- Leitura da realidade e seu registro em conformidade com o compromisso ético.
- Registro da documentação das ações profissionais.
- Posicionamento crítico com relação aos atendimentos e aos indicadores sociais referentes ao público e à comunidade atendida.

Após o estudo deste capítulo, você será capaz de:

1. refletir a respeito da postura ético-política adequada nas diversas situações de contexto organizacional relativas ao registro, ao manuseio e à guarda de documentos com informações sigilosas dos(as) usuários(as) atendidos(as);
2. desenvolver a capacidade de sistematização e de documentação de processos de trabalho do(a) assistente social;
3. identificar a importância do registro da documentação para conhecer a realidade social dos(as) usuários(as), do espaço ocupacional e do objeto do serviço social.

> *Tome um banho de realidade brasileira, munindo--se de dados, informações e indicadores que possibilitem identificar as expressões particulares da questão social, assim como os processos sociais que as reproduzem.*
>
> Iamamoto, 1998, p. 38

Apresentaremos neste capítulo os principais tipos de documentação elaborados pelos(as) assistentes sociais no desenvolvimento de seu trabalho cotidiano.

A documentação se inscreve na dimensão técnico-operativa do serviço social, uma vez que se relaciona com o saber e o fazer profissional. Nesse sentido, o registro de atividades está intrinsecamente relacionado às dimensões da profissão (ético-política, teórico-metodológica, técnico-operativa). Convém ressaltarmos que é de suma importância registrar as intervenções na ficha de atendimento social e na lista de presença de reuniões e registrar o trabalho com grupos nos relatórios sociais, no formulário de dados qualiquantitativos para fins de monitoramento, por exemplo. Contemplaremos, inicialmente, alguns aspectos gerais da elaboração da documentação referente aos processos de trabalho profissional do(a) assistente social e finalizaremos com algumas orientações de elaboração de documentos como diário de campo e estudo social (relatórios, laudo e parecer social).

8.1 Noções acerca da documentação no trabalho do(a) assistente social

Documentar é uma atividade fundamental para a construção do processo histórico de ações, práticas e atividades do cotidiano de trabalho, bem como para a continuidade do processo interventivo. Isso requer do(a) assistente social o entendimento e a capacidade de contextualização da sociedade, ou seja, uma análise da conjuntura social. Esse instrumento de diagnóstico da realidade no desenvolvimento da formação fomenta o trabalho cotidiano. O(a) profissional deve também ter clareza de que seu processo de trabalho se desenvolve no decorrer do tempo, o que exige uma avaliação constante com base no registro de dados e informações obtidos nas entrevistas, na observação, nos grupos, nas visitas domiciliares, nas reuniões e na mobilização das comunidades.

Conforme Lima, Mioto e Prá (2007), a documentação também pode ser útil no processo de obtenção e análise de dados, já que sistematiza a intervenção do(a) assistente social nos processos investigativos sobre a realidade social, os(as) usuários(as) e o próprio processo de intervenção profissional. De acordo com Almeida (2006, p. 2), o serviço social,

> ao passo que foi capaz de forjar certas rotinas e procedimentos de registro de suas atividades prático-interventivas, não conseguiu, porém, imprimir aos mesmos a marca de um esforço de sistematização, quer da realidade social como das respostas profissionais formuladas que determinam a sua atividade profissional, o seu trabalho em sentido amplo.
>
> Para tomarmos apenas dois exemplos, dos limites deste processo empreendido pelo Serviço Social, vale dizer que muitas vezes os registros acabam se transformando numa peça a mais na burocracia dos estabelecimentos onde atua o assistente social e que as reuniões de equipe tendem a perder sua objetividade frente à ausência de outros instrumentos necessários aos processos de avaliação e reflexão de seu trabalho.

Esse apontamento evidencia o quanto o registro da documentação merece atenção. Apesar disso, muitos(as) assistentes sociais relegam a segundo plano essa atividade em virtude das más condições de trabalho, da escassez de tempo, do número reduzido de profissionais nos espaços sócio-ocupacionais e de uma demanda crescente posta ao serviço social. Segundo Netto (1989), há duas possibilidades de entendimento e significação da "sistematização da prática" profissional, relacionadas ao entendimento do serviço social: "como profissão cujo fundamento elementar é um espaço sócio-ocupacional circunscrito pela divisão social do trabalho própria da sociedade burguesa consolidada e madura" e "como profissão cujo fundamento elementar é um *corpus* teórico e metodológico particular e autônomo" (Netto, 1989, p. 150). Nessa concepção de Netto (1989, p. 150), na primeira alternativa,

> a sistematização (da prática) aparece como uma dupla requisição: de uma parte, é a condição para otimizar a própria intervenção prática, organizando e generalizando a experiência dos assistentes sociais e cristalizando pautas de procedimento profissional, reconhecidas como tais e transmissíveis via formação institucional; de outra, e fundamentalmente, é o passo compulsório para a fundação profissional, viabilizando o "recorte" de um "objeto" em função do qual a elaboração teórica desenvolveria o seu movimento de constituição de um saber específico.

Cabe frisarmos que a efetividade dos instrumentos de trabalho (entrevista, observação, grupo, visita domiciliar, entre outros) está vinculada ao preenchimento da documentação, pois a qualidade dos registros realizados pelo(a) assistente social subsidiará novas alternativas, respostas e estratégias de atendimento à população usuária. Na prática, uma visita domiciliar, cuja finalidade é a elaboração de um laudo social ao Poder Judiciário sobre o encaminhamento de uma criança para um lar substituto, pode afetar a vida de todos os envolvidos (criança, família de origem, família acolhedora). Logo, os detalhes observados e descritos podem ser fundamentais para a redação de tal documento.

Outra situação cotidiana do exercício profissional do(a) assistente social é a possibilidade de o preenchimento de uma lista de presença com o nome dos(as) participantes em programas sociais surtir ou não algum efeito sobre a permanência dos(as) usuários(as) no grupo. Esse documento pode viabilizar uma análise do(a) profissional quanto à efetividade e à atratividade da metodologia e se esta atende ou não às expectativas e aos interesses dos(as) participantes, dados que podem modificar os rumos da intervenção.

A respeito das repercussões positivas do registro sistemático, Marsiglia (2006, p. 4) explica:

> Outra decorrência importante da observação e do registro sistemático da prática cotidiana é que eles nos permitem elaborar um diagnóstico mais preciso sobre a realidade e sobre os problemas e os grupos

populacionais com os quais estamos lidando. Nas instituições em que os profissionais registram e analisam minimamente seu trabalho profissional, apresentam as observações e os resultados de forma sistematizada nas reuniões de equipe ou para as direções, as contribuições dos assistentes sociais se tornam valiosas para todos, podem fornecer subsídios para a tomada de decisões e o Serviço Social é reconhecido pelas outras profissões e pelas direções.

Documentar não prioriza uma ou outra forma de registro dos dados e informações. Ao contrário, isso depende do contexto de trabalho e das condições éticas, técnicas e institucionais para essa atividade. Por exemplo:

- Na **área da saúde**, o prontuário pode ser eletrônico, o que exige acesso a recursos tecnológicos.
- Na **assistência social**, garantir um espaço adequado e silencioso para o ato de documentar pode ser um desafio em razão do fluxo e das demandas.

De tal modo, cada espaço sócio-ocupacional determina o tipo de documentação a ser utilizada. Embora não haja uma padronização, algumas normas devem ser seguidas, tanto no estilo quanto no conteúdo dos documentos produzidos; além disso, é necessária uma linguagem clara, ordenada, objetiva e concisa.

No que diz respeito ao início e ao término do registro, deve-se ter clareza de que, independentemente do modelo de formulário, ficha, lista, ata, há informações relevantes que precisam ser registradas (principais acontecimentos, situações estressoras e conflitivas, pessoas apoiadoras, entre outras). A linguagem – clara, objetiva e explicativa – precisa respeitar as regras gramaticais da língua portuguesa e, sobretudo, viabilizar o acesso de outros(as) profissionais às informações registradas, haja vista que a atuação interdisciplinar é essencial, a fim de ampliar o acesso a serviços, políticas, programas e projetos sociais por parte dos(as) usuários(as).

Marsiglia (2006, p. 1) aborda o registro da documentação da seguinte maneira: "É difícil registrar o cotidiano: no dia a dia não dá tempo e, na maioria das vezes, o profissional não desenvolveu essa habilidade, e nem sempre esta prática é considerada essencial nos planos de estágio".

Marsiglia ressalta porém, que uma prática somente se torna

> um saber sistemático se for observada e registrada detalhadamente. Registrando-a de modo organizado e sistemático, podemos perceber ângulos e dimensões que não tínhamos percebido no momento em que os fatos estavam ocorrendo e chegar a uma observação mais completa da realidade. Faz parte do arsenal profissional, do fazer profissional, passar da observação assistemática da prática para uma observação sistemática.

A autora evidencia um desafio a ser enfrentado no mundo do trabalho: compreender o registro da documentação como algo mais que uma ação rotineira, burocratizada, sem sentido. Essa visão impede que os(as) assistentes sociais percebam essa atividade como peça-chave nos processos de trabalho. Segundo Lima, Mioto e Prá (2007, p. 96),

> a documentação tem um caráter dinâmico e flexível quando se consideram suas finalidades [...]. Longe de se constituir em mera burocracia no cotidiano profissional, a documentação está em constante movimento e a sua utilização está vinculada aos objetivos do profissional (de conhecer ou intervir), às exigências do trabalho profissional [...], ao arcabouço teórico e ético-político do profissional.

À medida que registra, o(a) profissional tem a oportunidade de voltar-se para a intervenção desenvolvida, refletir sobre ela e se questionar sobre alternativas. Cabe ressaltarmos que a elaboração da documentação é redimensionada pelo projeto atual da profissão, ou seja, está em constante movimento na realidade social e varia de acordo com as situações vividas no cotidiano das instituições; aplica-se a ética e o sigilo também à guarda de tais documentos. O Código de Ética Profissional do(a) assistente social (Cfess, 2011a) trata dos direitos e das responsabilidades gerais do(a) assistente social sobre o manuseio, o sigilo e o arquivamento dos documentos do serviço social, pois esses procedimentos resguardam o(a) usuário(a), o(a) profissional e o espaço sócio-ocupacional.
Para Sperotto (2009, p. 97), "a documentação do processo de intervenção é necessária para o devido acompanhamento das situações que estão sendo estudadas e acompanhadas". Para finalizar a reflexão

desta seção, enfatizamos que a documentação no trabalho do(a) assistente social é um dos elementos da instrumentalidade do serviço social, aqui entendida como uma particularidade sócio-histórica marcada por um conjunto de ações pelas quais a profissão é reconhecida e requisitada socialmente (Guerra, 2000). Dito isso, avancemos para as principais documentações requisitadas ao(à) assistente social.

8.2 Diário de campo

O(a) assistente social deve conhecer a realidade institucional, avaliar as condições de vida da população usuária, mapear os recursos da rede socioassistencial e identificar as demandas postas ao serviço social para desenvolver suas ações profissionais. Essas atividades requerem condições institucionais adequadas para o exercício profissional, tais como acesso a veículo para realização de visita domiciliar, sala adequada que resguarde o sigilo para uma entrevista, contato telefônico e por *e-mail* como forma de comunicação com a rede para favorecer os encaminhamentos necessários aos(às) usuários(as) e às suas demandas.

Nesse caso, o diário de campo é o único dos documentos aqui mencionados que não constitui uma metodologia de trabalho exclusiva do serviço social. É um importante instrumento para registrar observações, comentários e reflexões do exercício profissional. Não deve se restringir a agendamentos de tarefas, observações e relatos pontuais dos atendimentos ou meras descrições da intervenção e da realidade social. Mais do que registrar informações, o diário de campo deve conter reflexões cotidianas da ação e revisões dos limites e desafios da ação profissional.

De modo geral, esse documento é mais utilizado pelos(as) acadêmicos(as) por ocasião dos estágios em serviço social, como um exercício de aprendizagem que favorece o momento de supervisão de estágio. Essa atividade possibilita ao(à) supervisor(a) acadêmico(a) a compreensão do conhecimento e das ações do(a) aluno(a) no campo de estágio. Lima, Mioto e Prá (2007, p. 99) destacam que o diário de campo visa "garantir a maior sistematização e detalhamento possível de todas as situações ocorridas no dia e das entrelinhas nas falas dos sujeitos durante a intervenção". Algumas dificuldades podem incidir no registro do diário de campo, tais como:

- falta de tempo;
- sobrecarga de atendimentos e ações;
- resistência aos registros/às documentações;
- registros parciais.

Além desses inconvenientes, podemos citar o(a) elaborador(a) que não considera a documentação como parte do cotidiano da intervenção; é comum, por exemplo, os(as) acadêmicos(as) do serviço social elaborarem o registro no diário de campo de forma parcial ou somente quando lhes é solicitado.

Contudo, o diário de campo permite fazer a descrição do(a) observado(a), o reconhecimento e a análise das situações vivenciadas na instituição em que o(a) acadêmico(a) ou o(a) profissional se insere. Além disso, quando usado de forma constante, pode evidenciar categorias emergentes do trabalho profissional, viabilizando análises mais profundas.

Portanto, o diário de campo configura-se como um relato descritivo-analítico e investigativo-reflexivo, sendo fonte inesgotável de construção, desconstrução e reconstrução do conhecimento e do agir profissionais. Seu caráter é dinâmico e reflexivo, em constante movimento, para além da prática burocrática, e sua utilização está relacionada aos objetivos profissionais de conhecer a realidade social e nela intervir. A sistematização deve ser diária para garantir o maior detalhamento possível das situações ocorridas. É importante que os registros sejam datados e que especifiquem o local e a hora. Ademais, podem ser registradas as observações sobre as discussões coletivas entre profissionais, entre estes(as) e os(as) usuários(as) dos serviços, entre os(as) profissionais e a instituição ou, ainda, entre usuários(as) e instituição uma vez que trazem outros pontos de vista para o cotidiano do(a) profissional (Lima; Mioto; Prá, 2007).

Para Lima, Mioto e Prá (2007), o diário de campo pode ser organizado em três partes: (1) descrição, (2) interpretação do(a) observado(a), em que se deve explicitar, conceituar, observar e estabelecer relações entre os fatos, e (3) consequências. É nesse momento que se deve evidenciar a aproximação com o referencial teórico norteador da ação profissional. Quando articulado teoricamente, o registro constante das atividades realizadas pode auxiliar na evidência de categorias emergentes que permitem uma análise mais aprofundada da situação/realidade. Por último, o diário de campo deve conter o registro de conclusões, dúvidas, imprevistos e desafios, no qual podem ser expressos os sentimentos vivenciados pelo(a) profissional.

8.3 Registro do relatório de atendimento

No cotidiano de trabalho, é de suma importância estabelecer procedimentos e estratégias para o desenvolvimento da intervenção e de sua operacionalização. Assim, a documentação é entendida como um instrumento que visa qualificar a ação do(a) assistente social.

Dessa forma, o registro do relatório[1] é útil para materializar a realidade identificada e vivenciada, os dados obtidos e as informações

---

1 Nos Apêndices 2 e 3, ao final deste livro, constam um modelo de ficha de atendimento e um modelo de relatório social, o qual contém, na primeira parte, os dados que fornecem subsídios para o diagnóstico social e, na segunda, o relato da história de vida do(a) usuário(a), as observações inferidas pelo(a) profissional, bem como o plano de atendimento e o campo para a evolução do acompanhamento sistemático.

coletadas por meio da descrição documental, fundamentada e atestada pelo(a) elaborador(a) do documento. Sendo assim, o relatório gerado após o atendimento realizado pelo(a) assistente social é um instrumento de comunicação escrita, cujo objetivo é a descrição ou o relato do que foi possível conhecer em entrevistas, visitas domiciliares e institucionais, grupos, reuniões, observações, entre outros recursos. O relatório de atendimento possibilita sistematizar os dados relatados pelos(as) usuários(as), visando compor sua história de vida, bem como o diagnóstico social.

O relatório de atendimento é um documento de registro de informações e de observações que permite conhecer o(a) usuário(a), com base nos dados que ele(a) expõe, com vistas à construção do objeto de intervenção. Segundo Fávero (2003, p. 44), o relatório é uma "apresentação descritiva e interpretativa de uma situação ou expressão da questão social". Contém objeto de estudo, sujeitos envolvidos e finalidade, bem como um breve histórico, procedimentos utilizados, desenvolvimento e análise da situação.

No que toca à sua estrutura, o relatório de atendimento deve conter:

- dados de identificação do relatório social (tipo de relatório, finalidade);
- dados de identificação do(a) usuário(a);
- dados de identificação da intervenção (expressão da questão social, da demanda social e da demanda profissional que motivaram a intervenção e seu objeto, data, hora, local, natureza da estratégia metodológica, instrumentos operacionalizados, participantes);
- relato da intervenção realizada;
- análise da intervenção, dos processos e das relações implicados no objeto e dos sentimentos aflorados;
- avaliação e planejamento da ação.

Assim, o relatório de atendimento contempla aspectos metodológicos (instrumentais, técnicas, habilidades e atitudes) e os aspectos da ação (informação sobre a temática, inter-relação e interpretação da situação, destaque dos elementos mais significativos, plano de ação, alternativas para a execução e avaliação das ações empreendidas). Alguns questionamentos auxiliam na elaboração do documento:

- Por quê? – justificativa, motivo do atendimento.
- O quê? – descrição, interpretação da situação, destaque aos elementos mais significativos da inter-relação entre o(a) profissional e o(os/a/as) usuário(a/os/as).
- Para quê? – objetivos, intencionalidade.
- Para quem? – caracterização dos(as) usuários(as).
- Onde e quando? – contextualização.
- Com quem? – sujeitos envolvidos, mediação de conflitos, grupo, reunião etc.
- Como? – meios, instrumentais, técnicas, habilidades e atitudes.

Os relatórios de atendimento podem ser classificados em *relatório processual descritivo* e *relatório processual condensado*, considerados ferramentas importantes para a apreensão do processo de trabalho do(a) assistente social e a reflexão sobre ele. Ambos articulam as dimensões teórico-metodológica, técnico-operativa e ético-política. No Capítulo 3, esses relatórios foram apresentados, mas nós os retomaremos para um aprofundamento.

No **relatório processual condensado**, faz-se a contextualização, isto é, o registro dos elementos importantes para a compreensão da situação. Nesse relatório, consideram-se os objetivos da entrevista, a intencionalidade da intervenção e as informações que favorecem a compreensão da realidade em foco (tais como processos sociais, particulares, elementos da subjetividade dos sujeitos atendidos). Segundo Türck (2003, p. 22), trata-se de um documento utilizado

> na supervisão, [podendo também ser] utilizado nos prontuários existentes nos espaços institucionais. Ele compreende uma narrativa diferente, não é a descrição pormenorizada da situação, mas sim, é a contextualização da mesma [...]. Portanto deve demonstrar a capacidade do aluno-estagiário de apreensão do conteúdo, elencando os elementos mais importantes e necessários para a compreensão da situação, tanto no processo de conhecimento como no interventivo.

[...] nas abordagens individuais, através do processo de conhecimento, é o que emerge como mais contundente em relação à subjetividade indivíduo-sujeito, dos processos sociais e particulares que estão imbricados na sua história de vida e que possibilitam elencar os pontos nodais que intensificam a exclusão social. [...] nas abordagens coletivas através do processo interventivo, são os elementos que emergem e identificam os processos interacionais que ocorrem entre os membros do grupo, entre os integrantes do grupo familiar e entre os grupos no espaço comunitário.

O **relatório processual descritivo**, por sua vez, compreende a descrição pormenorizada, explícita dos acontecimentos, bem como o detalhamento da forma de intervenção. Contempla a narrativa da entrevista e a análise da situação conhecida e dos sentimentos referentes à situação. Na concepção de Türck (2003, p. 14):

> É um instrumento exclusivo para supervisão tanto nas abordagens individuais como nas coletivas e deve compreender a descrição pormenorizada do processo de conhecimento e do processo interventivo desenvolvido pelo aluno-estagiário. Além da narrativa dos acontecimentos, descreve a forma da intervenção tanto para construir o processo de conhecimento como para o desenvolvimento do processo interventivo. [...] Nas abordagens coletivas, deve contextualizar e descrever o espaço de grupo e o espaço interacional entre seus membros individuais, porque o que está sendo objeto do desenvolvimento do processo interventivo são os aspectos interacionais, ou seja, a dinâmica de como se processa essa interação e o que contribui significativamente para melhorar o seu desenvolvimento. Concomitantemente deve conter todo o instrumental operativo utilizado para continuidade do processo de trabalho.

Os relatórios de ambos os tipos devem fornecer subsídios para a intervenção profissional, bem como para os encaminhamentos realizados. Quando os(as) profissionais mudam de campo profissional, esse documento pode contribuir para a continuidade do atendimento do(a) usuário(a) e o apoio à equipe. Por fim, ao elaborar o relatório de atendimento, o(a) assistente social deve atentar ao sigilo profissional, em especial no que se refere à proteção ao(à) usuário(a) em consonância com o Código de Ética da categoria.

8.4 Perícia social: estudo social, parecer social e laudo

No contexto atual, o impacto da crise do capital nas políticas públicas e sociais e, consequentemente, no trabalho dos(as) assistentes sociais com a população usuária é crescente. Nesse cenário, a atuação na perícia social é constante, haja vista a judicialização das demandas sociais na busca pelo acesso aos direitos sociais por parte dos(as) usuários(as) em diferentes âmbitos, tais como:

- **Saúde** – Concessão de medicamentos e procedimentos de saúde diversos.
- **Educação** – Vagas no sistema educacional.
- **Segurança pública** – Programas de execução de medidas.
- **Assistência social** – Ruptura de vínculos familiares, situações de risco e vulnerabilidade social.
- **Previdência Social** – Concessão de benefícios previdenciários.

Dessa forma, são essenciais o conhecimento e as habilidades na perícia social como especificidade da profissão. Na prática, essa atividade faz parte de uma metodologia de trabalho de domínio específico e exclusivo do(a) assistente social, sendo utilizada em vários campos e instâncias, entre elas a judiciária. A perícia social propriamente dita envolve segredo de justiça; o processo é de acesso das partes envolvidas com os respectivos advogados. Contudo, o Código de Ética do/a Assistente Social (Cfess, 2011a, Capítulo V – Do Sigilo Profissional, art. 18) exige o sigilo no exercício de perito, com exceção do momento em que o(a) profissional coloca o(a) usuário(a) a par de dados relevantes e daquelas informações que constarão ou não no laudo social. Cabe esclarecermos que o processo criminal não é sigiloso, devendo ser público, diferentemente dos processos de família e da infância.

Para a realização da perícia social, emprega-se o **estudo social**[2], que fornece subsídios para um parecer técnico e é iniciado quando o(a) profissional entra em contato com a solicitação efetuada e as informações sobre a situação a ser estudada. Após a leitura das informações, a coleta de dados e a análise desses itens, o(a) assistente social estabelece um plano de trabalho. A análise da situação, conforme Mioto (2001), comporta dois momentos importantes: (1) **caracterização da situação** e (2) **interpretação da situação social**.

Já o plano de trabalho deve definir:

- os envolvidos na situação que devem ser abordados (pessoas, instituição, profissionais);
- instrumentos a serem contemplados para a efetivação do estudo (visita domiciliar, entrevistas individuais ou conjuntas, local da entrevista, contato com outras instituições, escola/hospital, documentos trazidos pelos envolvidos).

Após a definição dos instrumentos, o(a) assistente social analisa a situação revelada. Todo o processo deve ser documentado, visto que constitui a base para a efetivação da análise da situação e para a elaboração do laudo social.

Com relação à entrevista, o perito deve, de acordo com Benjamin (1998):

- estar consciente do fato de que faz perguntas e, consequentemente, refletir cuidadosamente sobre a conveniência de fazê-las;
- examinar os vários tipos de pergunta de que dispõe e os tipos de pergunta que são utilizadas com frequência;
- considerar as alternativas à colocação da pergunta e receber com sensibilidade os questionamentos feitos pelo(a) entrevistado(a), abertamente ou não.

A visita domiciliar, como instrumento para a coleta de dados, busca, no caso da perícia, a materialidade das relações sociais e familiares.

---

2 O estudo social permite conhecer, em profundidade e de forma crítica, determinada situação ou expressão da questão social, objeto de intervenção profissional.

Sabe-se que a moradia revela a forma como são estabelecidas as relações afetivas do grupo familiar, subsídio para a avaliação das questões sociais, econômicas e culturais dos(as) estudados(as). Essa atividade requer postura ética de respeito à privacidade das pessoas e presume a compreensão da realidade familiar. Ações que requerem a visita domiciliar no campo sociojurídico são aquelas que envolvem crianças e adolescentes – adoção, guarda, relatos de maus-tratos – e pessoas idosas ou com deficiência – negligência ou abandono.

O **parecer social**, conforme Türck (2003), é uma narrativa sucinta em que o(a) assistente social registra elementos de análise e faz a contextualização e o processo de conhecimento da situação estudada. Ao mesmo tempo, o profissional analisa a situação à luz de um referencial teórico para sugerir ou indicar encaminhamentos considerados fundamentais para a situação analisada.

A perícia é materializada no **laudo**[3], cujo caráter de prova pode ser determinado somente pelo juiz responsável pelo caso. Cabe mencionarmos que o perito pode ser responsabilizado civil e criminalmente pela sua função, podendo ser chamado em juízo para prestar esclarecimentos. No laudo são registrados os aspectos pertinentes do estudo e o parecer emitido. Esse documento ainda deve contemplar a identificação, ou seja, os diversos aspectos do processo e das pessoas envolvidas: instituição, departamento de origem do processo, número do processo, tipo de processo (guarda, adoção, concessão de benefício, entre outros) e nome completo dos(as) envolvidos(as) no referido processo, idade, estado civil, nível de escolaridade, ocupação profissional e endereço atualizado dos(as) usuários(as).

Em seguida, identificam-se os instrumentos de coleta de dados utilizados durante a intervenção e a organização dos dados coletados. Devem constar a caracterização da situação (histórico sucinto da constituição familiar, história pregressa e motivo do conflito, do abandono, da violência ou da negligência), a situação

---

3 O laudo é utilizado no meio judiciário como um elemento de prova, com a finalidade de dar suporte à decisão judicial.

sócio-econômico-familiar, a questão da saúde do grupo familiar, a situação escolar de pais e filhos e as situações estressoras do cotidiano familiar.

85 Relatório das visitas domiciliar e institucional

Ao serem consideradas as dimensões da profissão, observamos no registro da documentação a competência teórico-metodológica do(a) assistente social. Isso porque o exercício profissional envolve a eleição de um referencial teórico, que, ao orientar a prática cotidiana, deve expressar-se também na elaboração dos diferentes tipos de registros exigidos na dinâmica de trabalho no serviço social. A documentação também se relaciona à competência ético-política, uma vez que há cuidados éticos a serem adotados pelo(a) profissional, bem como à competência técnico-operativa, já que deriva da aplicação de outros instrumentais de trabalho (entrevista, observação, visita domiciliar, grupo, entre outros) e refere-se ao fazer profissional.

O relatório de visita domiciliar é um documento que visa registrar cronologicamente: os dados acerca do domicílio (condições de moradia, saneamento básico, coleta de lixo e esgoto, e fornecimento de água e luz); os elementos mais significativos dessa inter-relação estabelecida na visita; a reflexão para um plano de atendimento que contemple alternativas para sua execução; e a avaliação das ações empreendidas na visita, ou seja, o esclarecimento de dúvidas e orientações prestadas ao(à) visitado(a). Isso requer atenção dos aspectos teóricos, englobando o conhecimento do referencial norteador da ação profissional e dos aspectos metodológicos, pois contempla técnica, habilidades e atitudes do(a) visitador(a). Nesse caso, o relato pode contemplar os sentimentos do(a) visitador(a) no decorrer da visita domiciliar.

Já o relatório de visita técnica é um dos instrumentos de registro de informação relativos à interação com outras áreas de conhecimento ou espaços institucionais. Pode ser aplicado, por exemplo, em uma discussão de caso, com o objetivo de ampliar os canais de atendimento ao(à) usuário(a) conforme suas demandas e necessidades na rede intersetorial. Esse documento materializa a realidade identificada e vivenciada, os dados obtidos e as informações coletadas por meio da descrição documental, fundamentada e atestada pelo(a) elaborador(a) do documento.

8.6 O relato de trabalho com grupos

O registro do material de um grupo, conforme Türck, Jacoby e Sperotto (2003), que serve para documentar todo o conteúdo produzido durante o processo grupal, prevê que tais relatos permitam o distanciamento de que o(a) coordenador(a), o(a) observador(a) e o(a) facilitador(a) precisam para subsidiar a intervenção, organizar o planejamento para os encontros seguintes, reuniões e assembleias. Esse documento também favorece as devoluções do material para a reflexão e a retomada de acordos com o grupo.

A dificuldade no registro do relato de trabalho com grupos está relacionada à definição de novas respostas e intervenções com base na verificação de todo o material (falado, escutado, observado), atentando para questões atinentes à expressividade corporal e facial, aos contextos, à dinâmica em si. Tal registro diferencia-se dos demais mencionados neste capítulo, porque pode não ser contemplativo de todo o processo grupal. Até mesmo o registro da vivência do(a) coordenador(a) (sentimentos, emoções, angústias, percepções, limites) compõe esse material de um grupo.

Jacoby (2003) considera essenciais ao registro da produção grupal os seguintes itens:

- conjunto de elementos complexos;
- tarefas e possibilidades do(a) coordenador(a) na decisão sobre qual plano de análise utilizar;
- escrita e leitura do material com base em uma visão global sobre a estrutura do grupo.

8.7 A importância da documentação no trabalho do(a) assistente social

Uma das estratégias metodológicas adotadas pelo serviço social para desenvolver seu processo de intervenção é a documentação, mais que um registro das observações e das ações empreendidas. Ao registrar a documentação, o(a) assistente social pode voltar-se à intervenção, às suas competências, habilidades e atitudes e realizar uma autoavaliação de seu desempenho, dos encaminhamentos realizados, enfim, do processo interventivo que desenvolve.

Netto (1996, citado por Mioto; Lima, 2009, p. 24), indica a "necessidade de elaborar respostas mais qualificadas (do ponto de vista operativo) e mais legitimadas (do ponto de vista sociopolítico) para as questões que caem no seu âmbito de intervenção institucional".

Comentando a contribuição de Netto (1996), Mioto e Lima (2009, p. 24) afirmam:

> Com isso sinaliza que "as possibilidades objetivas de ampliação e enriquecimento do espaço profissional [...] só serão convertidas em ganhos profissionais [...] se o Serviço Social puder antecipá-las". Indica ainda que tais possibilidades serão configuradas "por tensões e conflitos na definição de papéis e atribuições com outras categorias socioprofissionais".

Fica evidente, então, que a documentação representa um elemento significativo de construção da prática do serviço social. Na dinâmica cotidiana, a documentação relaciona-se à competência ético-política, que corresponde ao resguardo, acima de tudo, do sigilo profissional e do registro de dados de forma fidedigna aos fatos, aos acontecimentos e às suas análises, primando pela garantia de direitos dos(as) usuários(as). O registro também privilegia a competência teórico-metodológica, porque o exercício profissional envolve embasamento e respaldo teórico. *Documentar* relaciona-se também à competência técnico-operativa, uma vez que resulta da efetivação de outros instrumentais de trabalho e que se refere ao fazer profissional.

Para saber mais

CFESS – Conselho Federal de Serviço Social (Org.). O **estudo social em perícias, laudos e pareceres técnicos**: debates no Judiciário, no Penitenciário e na Previdência Social. 11. ed. São Paulo: Cortez, 2014.

O livro é fruto de uma parceria entre o Cfess e a Cortez Editora. As autoras responsáveis, ao relatar suas experiências profissionais, instigam a discussões sobre a elaboração de perícias, laudos e pareceres técnicos.

Síntese

Neste capítulo, demonstramos que a documentação na prática profissional do(a) assistente social representa um desafio no contexto de trabalho marcado pela precariedade e escassez de recursos de todas as naturezas. No entanto, é fato que o registro da documentação fornece dados que geram indicadores sobre a realidade local. Igualmente, esse registro possibilita o planejamento de ações para atividades de prevenção, promoção, proteção e recuperação de saúde, de reconhecimento do território para ampliar o atendimento aos(às) usuários(as) da assistência social, entre outras. O cenário político, econômico e societário incide no processo de trabalho, não raro dificultando o registro da documentação, pois os(as) profissionais estão sobrecarregados(as) em seu cotidiano. Assim sendo, a documentação torna-se instrumento que concentra informações relativas à história pregressa, aos sentimentos, aos anseios e às demandas que requerem respostas profissionais.

Questões para revisão

1. De que forma o registro da documentação no cotidiano de trabalho do(a) assistente social repercute no desenvolvimento de novas intervenções e no compromisso ético-profissional?

2. Pesquise e elabore um texto de até dez linhas sobre o respaldo da Lei n. 8.662, de 7 de junho de 1993 (Brasil, 1993) e do Código de Ética do Assistente Social sobre a perícia social (Cfess, 2011a) como especificidade do serviço social.

3. Uma das estratégias metodológicas adotadas pelo serviço social para desenvolver seu processo de intervenção é a documentação. A respeito do propósito dessa ação do(a) assistente social, assinale a afirmativa correta:
   a) Não é apenas um registro das observações e das ações empreendidas, mas também da intervenção, das competências, habilidades e atitudes do(a) profissional. Além disso, trata-se de uma autoavaliação do desempenho do(a) assistente social, dos encaminhamentos realizados, enfim, do seu processo interventivo.
   b) Volta-se aos limites e à neutralidade na condução de uma entrevista.
   c) Auxilia na obtenção de um conhecimento que possibilita novas propostas de intervenção, o manejo das dificuldades e das responsabilidades compartilhadas nas equipes mediante discussões e estudos de caso.
   d) As alternativas **a** e **c** estão corretas.

4. Lima, Mioto e Prá (2007) afirmam que o diário de campo visa garantir a sistematização e o detalhamento de todas as situações ocorridas no dia e as falas dos sujeitos durante a intervenção. Identifique os impeditivos para o registro desse documento na prática profissional:

a) Falta de tempo; sobrecarga de atendimentos e ações; resistência dos(as) profissionais aos registros ou às documentações e até mesmo aos registros parciais.
b) Tensões e pressões embutidas nas relações de poder; entendimento do(a) profissional de que o diário equivale a um registro de ocorrência.
c) Sobrecarga de atendimentos e ações; ênfase dada aos relatórios em detrimento do diário de campo e das visitas domiciliares.
d) Sobreposição do domínio oral ao registro da documentação no cotidiano de trabalho; limitação do diário de campo ao campo acadêmico.

5. Segundo Fávero (2003), o relatório é uma apresentação descritiva e interpretativa de uma expressão da questão social e deve contemplar:
    a) o objeto de estudo, o desenvolvimento e as conclusões finais.
    b) o objeto de estudo, os sujeitos envolvidos e a finalidade, bem como breve histórico, procedimentos utilizados, desenvolvimento e análise da situação.
    c) o objeto de estudo, os resultados, o método e as referências bibliográficas.
    d) a descrição dos sujeitos atendidos, o histórico familiar e o encerramento.

Questões para reflexão

1. O que é um parecer social?
2. O que é uma perícia social e quais são as competências necessárias ao(à) assistente social nesse processo de trabalho?
3. Quais são as situações que incidem na realização de perícia social no serviço social?
4. Quais são os pontos a serem contemplados em um relatório social?
5. Qual é o objetivo da criação de um diário de campo?

Estudo de caso

Vilma[1] compareceu ao acolhimento à comunidade do Centro de Referência da Assistência Social (Cras) de seu bairro, após várias peregrinações desorientadas nos serviços públicos. A senhora relatou que enfrentava dificuldades para alugar alguns imóveis que possui em razão do comportamento do filho de sua vizinha, que ocasionalmente tem se apresentado agressivo com os inquilinos e com a própria mãe, Alzira. Vilma afirmou que pensou em procurar o sistema judiciário para processar a família por causa do prejuízo financeiro que vem tendo por essa situação, mas que preferiu buscar atendimento no Cras por sentir muita pena de Alzira, que é agredida pelo filho, e também por imaginar

---

1 Esse estudo de caso é uma situação que foi atendida em nosso local de trabalho com nomes fictícios para respeitar o anonimato.

que se prejudicaria com a atitude de envolver a justiça em tal caso.

Em entrevista realizada pela assistente social do Cras, foram coletadas as seguintes informações:

- Alzira, 66 anos, tem problemas de saúde e dificuldades de locomoção. Seu marido faleceu em decorrência de cirrose (fazia uso abusivo de bebida alcóolica e apresentava histórico de agressividade), deixando pensão no valor de um salário mínimo. A senhora mora com seu filho mais novo, de 26 anos, que tem transtorno psíquico grave (com histórico de três tentativas de suicídio e conduta agressiva, seguidas de internação psiquiátrica). Apesar de receber o benefício do INSS (auxílio-doença), o rapaz não faz acompanhamento ou tratamento de saúde.
- A família é composta, ainda, pelo neto de Alzira, de 5 anos, deixado aos seus cuidados desde os 2 anos de idade; a mãe do menino, Luciana, é filha de Alzira, e decidiu mudar-se para a capital do estado, onde se prostitui. Ambas desconhecem o paradeiro do pai biológico da criança, o que as impede de solicitar que ele coopere com alimentos ou nos cuidados com o menino. Essa é uma situação que preocupa Alzira, pelo medo de que o neto seja retirado do seu convívio ou que fique desamparado.
- Alzira tem se responsabilizado por seu irmão mais velho, Francisco, de 69 anos, alcoolista e soropositivo, já chegou a ficar em situação de rua por vários anos após ter rompido seus vínculos familiares. O senhor Francisco não tem renda ou aposentadoria, pois nunca contribuiu para o INSS. Apesar de ter residência própria, ele depende dos cuidados pessoais e financeiros de Alzira (ela adquire e administra a medicação do irmão).

Questões para debate

1. Quais são as competências, habilidades e atitudes que você julga importantes no processo de trabalho da assistente social na situação descrita?

2. Quais conhecimentos podem ser úteis para intervir nessa situação?

3. Além dos conhecimentos solicitados na Questão 2, quais saberes devem ser buscados pelo(a) profissional, de acordo com os conteúdos privilegiados nesta obra?

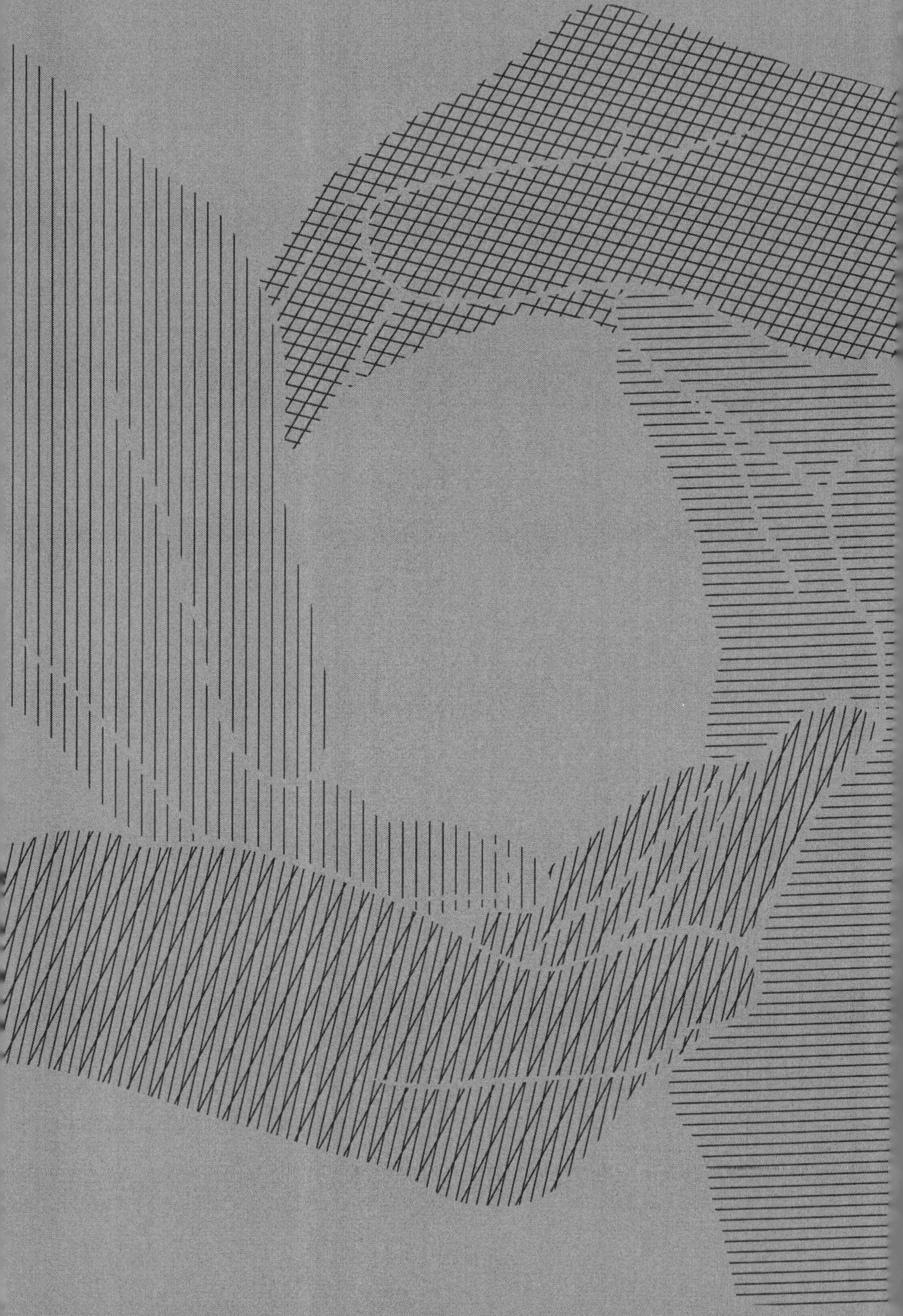

Para concluir...

Ao observarmos a história do serviço social, confrontamo-nos com a escassez de referências e aportes teóricos da profissão no tocante à sua instrumentalidade e aos seus instrumentos técnicos. Essa falta tinha repercussões na intervenção profissional, pois a tornava fragmentada, descontextualizada, pragmática e empirista, problema que mais tarde foi mitigado com o movimento de reconceituação da profissão.

Esse evento também fomentou significativo avanço do debate acerca do projeto ético-político da profissão, na transição entre as décadas de 1970 e 1980. A partir de então, a formação acadêmica precisou ser redimensionada para a preparação de um profissional com novo perfil, capaz de responder tanto às demandas tradicionais quanto às demandas emergentes.

Nesse contexto, o(a) assistente social, nos diferentes espaços sócio-ocupacionais, ao realizar seus processos de trabalho no atendimento às demandas sociais, precisa estar atento(a) ao seu arsenal, articulado(a) aos pressupostos basilares da profissão (dimensões ético-política, teórico-metodológica, técnico-operativa). Assim, esse profissional pode definir os rumos do atendimento das situações que lhe são apresentadas.

Muitos(as) usuários(as) procuram o serviço social por situações de extrema vulnerabilidade. Nesse caso, cabe ao(à) assistente social empregar a observação, a entrevista, a visita domiciliar ou, se necessário, inserir esse(a) usuário(a) em um grupo, tudo para transpor o processo de fragilização em direção ao fortalecimento do indivíduo. Há ainda demandas que exigem abordagens coletivas, representadas na participação em conselhos, conferências, grupos, reuniões, entre outras atividades que exigem intervenção com um número maior de pessoas focadas em um objetivo comum.

Essas perspectivas impõem ao(à) profissional do serviço social uma prática reflexiva, que possibilite ao(à) usuário(a) o enfrentamento de suas questões em busca de sua compreensão. Para isso, o(a) assistente social não pode ver a situação de vulnerabilidade de forma isolada, mas como um processo dialógico, em que o(a) usuário(a) faz parte de uma família, de uma comunidade, de uma rede. Essa visão requer que o(a) profissional analise elementos da subjetividade, da singularidade e da coletividade, a fim de criar respostas mais eficazes e efetivas às necessidades atuais.

Por fim, a formação acadêmica em serviço social demanda a construção de conhecimentos plurais que viabilizem o desenvolvimento de habilidades teórico-metodológicas, ético-políticas, técnico-operativas e relacionais que promovam a compreensão dos processos, bem como o atendimento qualificado das demandas que se configuram como expressões da questão social. Além disso, é fundamental que o(a) assistente social tenha coerência e disponha de criatividade para a construção de alternativas de enfrentamento e superação dos desafios postos à profissão.

Apêndice 1

Roteiro de entrevista inicial do serviço social[1]

Relacionado à vida familiar

1. Como é sua família?
2. Quem mora na mesma casa ou no mesmo terreno?
3. Qual é a ocupação dessas pessoas? Quem mantém financeiramente a casa? Qual é a renda familiar?

   Essas perguntas podem ser sistematizadas no quadro a seguir:

---
1 Roteiro elaborado com base em Giongo (2002).

Quadro A – **Dados da rede familiar**

Nome	Idade	Estado civil	Escolaridade	Ocupação profissional	Renda	Endereço e telefone

Relacionado ao problema que faz o(a) usuário(a) ou a família buscar ajuda

1. Por que está(ão) aqui? (Qual o motivo da procura, segundo o(a) usuário(a) ou a família)
2. Quando a situação geradora do atendimento começou a ocorrer?
3. Quem mais se sente afetado pela situação? Como?
4. Quais alternativas foram tentadas até o momento?

   Devem ser coletados os dados sobre a **caracterização da situação** (histórico sucinto do motivo do conflito, abandono, as situações estressoras do cotidiano familiar). Com esses dados, o(a) assistente social deve reconhecer as expressões da questão social ou do impacto no cotidiano familiar.

Família: potencialidades e fatores de risco

1. Quais são as potencialidades da família?
2. Quais são os fatores de tensão?
3. O que o(a) usuário(a) ou a família acredita(m) ser a prioridade no momento?

Expectativas com relação à intervenção

Qual é a sua expectativa com relação ao atendimento prestado pelo(a) assistente social?

Apêndice 2

Modelo de ficha de atendimento

Data: ___/___/___
Nome: _____
Filiação: Pai _____ Mãe _____
Data de nascimento: ___/___/_____ Idade: _____
Naturalidade: _____
Endereço: _____
n. _____ Bairro: _____
Ponto de referência: _____
Situação da moradia:
( ) Alugada   ( ) Cedida por terceiros
( ) Com familiares   ( ) Aluguel social
( ) Imóvel próprio
Telefones:
Fixo ( ) _____-_____
Celular ( ) _____-_____
Outro ( ) _____-_____
Escolaridade: _____

Religião: _____
Etnia:
( ) branco   ( ) afrodescendente   ( ) asiático
( ) pardo   ( ) índio
Renda mensal estimada: R$ _____
Pensão alimentícia: R$ _____
Benefícios sociais:
( ) aposentadoria   ( ) benefício de prestação continuada
( ) programa Bolsa Família – R$ _____
Pessoa com deficiência: ( ) Não ( ) Sim Tipo: _____
Serviços que acessa na rede socioassistencial:
_____

Medicamentos: _____
Unidade Básica de Saúde: _____

Quadro A – Composição familiar[1]

Nome	Vínculo	Idade	Escolaridade	Profissão	Renda

1 Lançar símbolo (*) nos integrantes que residem atualmente no domicílio.

Quadro B – **Situações de risco**

Riscos[2]
Encaminhado por:
Motivo da procura pelo atendimento:
Observações/inferências do(a) técnico(a) social:
História pregressa da família:
História atual da família:
Plano de atendimento:
Evolução do acompanhamento:

----

2 Descrever situações relatadas sobre óbitos, estupro e abuso sexual, suicídio, maus-tratos na infância, entre outras.

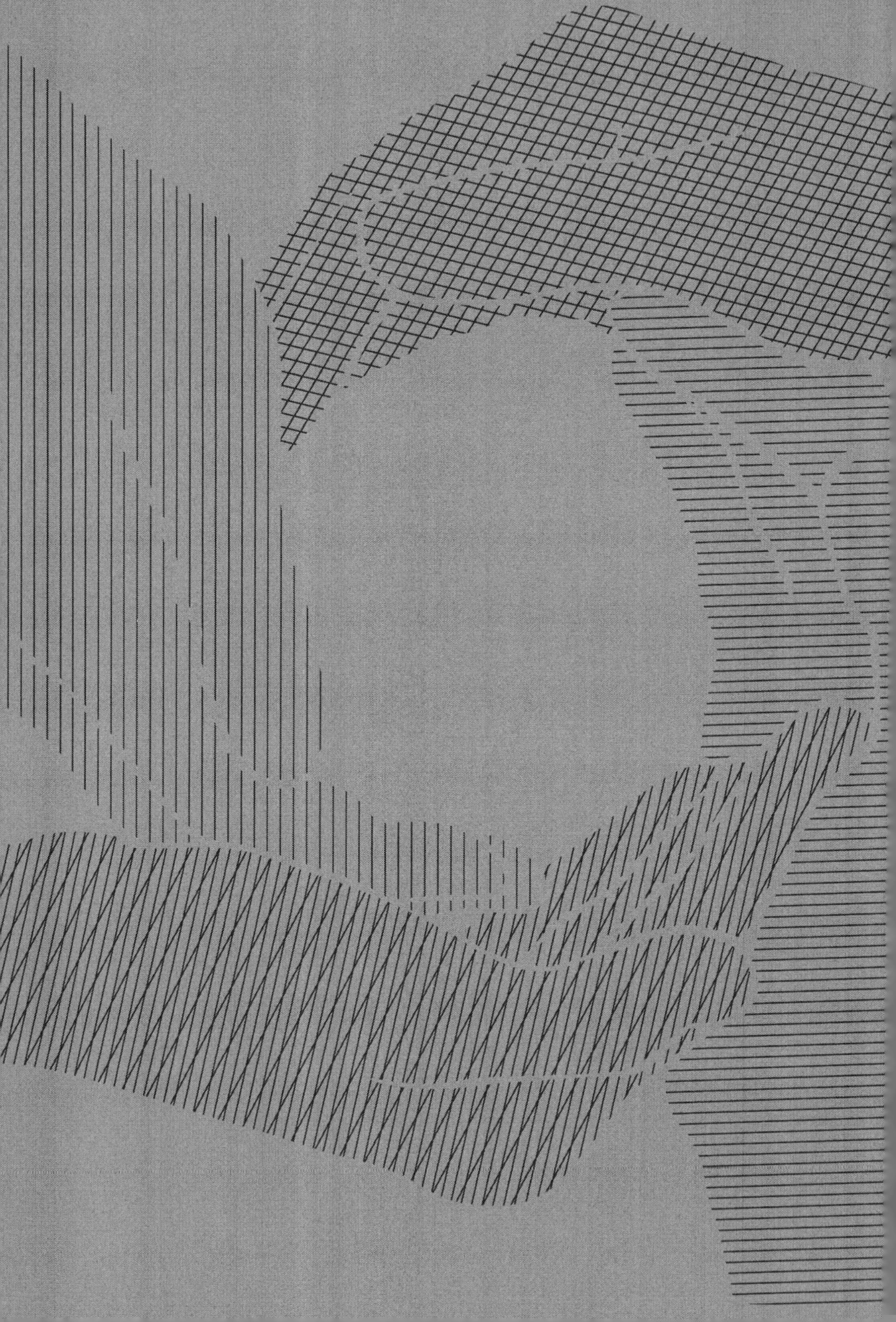

Apêndice 3

Modelo de relatório social

RELATÓRIO SOCIAL
DADOS SOCIAIS
IDENTIFICAÇÃO DA CRIANÇA/ADOLESCENTE/DENUNCIADO...
Processo n. _____ Local: _____ Data de atendimento/acolhimento: __/__/__
Nome:
Sexo: Data de nascimento: __/__/__
Endereço: Bairro: CEP:
Telefone para contato:

(continua)

(continuação)

RELATÓRIO SOCIAL

IDENTIFICAÇÃO DO RESPONSÁVEL

Nome:

Endereço:
Bairro:

Profissão:

Documento: RG: CPF:

( ) Idoso   ( ) Pessoa com deficiência   ( ) Criança
( ) Adolescente   ( ) Adulto

AVALIAÇÃO SOCIAL

QUESITOS NECESSÁRIOS EM TODOS OS RELATÓRIOS

Introdução
1. Por que realizou visita?

Situação pessoal
1. Está em idade laboral (acima de 16 anos)?
2. Realizou cursos profissionalizantes? Especificar.
3. Já exerceu/exerce atividades remuneradas? Especificar.
4. Teve ou tem a CTPS assinada?
5. Há quanto tempo está com CTPS assinada?
6. Há quanto tempo está sem registro na CTPS?

(continuação)

RELATÓRIO SOCIAL

Situação familiar
1. Com quantas pessoas reside? Qual é o parentesco de cada uma delas em relação ao autor?
2. Quantos estão em idade laboral?
3. Qual é a idade dos membros da família?
4. Qual é a renda de cada pessoa?
5. Dos integrantes, quantos realmente exercem atividades remuneradas?
6. Os adolescentes com 14 anos ou mais estão fazendo cursos profissionalizantes? Descreva quais cursos e em que local são realizados.
7. Os maiores de 16 anos já fizeram cursos profissionalizantes? Onde?
8. Dos integrantes, quantos estão desempregados?
9. A atividade remunerada habitual é formal (carteira assinada) ou é exercida a outros títulos (trabalho esporádico informal ou trabalho artesanal etc.)?
10. Qual é a renda familiar *per capita* mensal, considerando apenas as atividades formais e desconsiderando os benefícios sociais (Bolsa Família, BPC, auxílio-doença etc.)?
11. Há adolescente grávida?
12. Há adolescente que já é mãe ou pai? Quantos filhos?
13. Todas as pessoas têm documentos?
14. Quais documentos estão faltando?
15. Os filhos menores recebem pensão? (Em caso de pais separados)

Situação de moradia
1. Reside em abrigos, asilos, instituição, com a família?
2. Reside em casa, apartamento, entre outros? Descrever.
3. A construção está concluída?
4. A residência está precisando de reforma?
5. A residência é própria, alugada ou cedida?
6. Conta com murada?
7. Tem água, energia, calçada na frente?
8. Tem plantações no quintal? Descrever.
9. Qual é a situação dos móveis? Descreva.

(continuação)

RELATÓRIO SOCIAL

Despesas
1. Quais são os gastos com moradia, água, energia, telefone, reforma, segurança?
2. Quais são os gastos com tratamento médico, consultas, medicamentos, plano de saúde?
3. Quais são os gastos com alimentação, transporte, roupa, calçados, escola, faculdade?
4. Quais são os meios de transporte utilizados pela família? (Coletivo, próprio, carona, bicicleta, carroça, outros)

Situação de saúde e higiene
1. Quantas pessoas têm problemas de saúde? Qual problema?
2. Quantas pessoas tomam remédios constantemente?
3. Como é a higiene da moradia? Descreva.

Benefícios sociais
1. Quais benefícios a família recebe?
2. Há algum membro da família inscrito em algum programa ou projeto social? Qual programa/projeto?
3. Qual é o valor do benefício que a família recebe? Qual benefício (Bolsa Família, BPC, outros)?
4. A família recebe cesta básica? Quem doa?
5. As crianças estão em creche?
6. Há alguém que participa de grupos de idosos, autoajuda, para hipertensos, deficientes, entre outros?

Uso de álcool ou de outras drogas
1. Tem algum dependente químico na família? Qual dependência?
2. Já fez tratamento? Onde? Há quanto tempo?
3. Qual foi o resultado do tratamento?
4. Se não fez tratamento, gostaria de fazer? Onde? Descreva.

Participação social e comunitária
1. A família participa de alguma denominação religiosa? Qual?
2. A família participa de alguma associação? Qual?
3. A família faz compra mensal, semanal, diária? Descreva.
4. Quais são as atividades de lazer da família?
5. Passeia na praça, convive com vizinhos? Descreva.

(conclusão)

RELATÓRIO SOCIAL

Acompanhamento do Programa de Atenção Integral à Família (Paif)
1. Como acontecerá o acompanhamento da família no programa Paif?
2. A família participará das reuniões de família no Centro Regional de Assistência Social (Cras)?
3. Em que dia da semana e horário acontece a reunião de famílias?
4. Os adolescentes foram encaminhados para as oficinas com participanes da mesma faixa etária? Em que dia e horário?
5. A gestante foi encaminhada para as oficinas? Em que dia e horário?
6. O idoso foi encaminhado para o grupo de convivência? Em que dia e horário?
7. A família foi orientada com relação à documentação? Qual foi o prazo para a entrega da documentação faltante?
8. O deficiente foi encaminhado para a oficina nos Cras? Em que dia e horário?

Algum componente da família foi encaminhado para outros programas
1. Descreva o programa ou projeto para o qual o cidadão beneficiário foi encaminhado e como acontecerá o monitoramento desse membro da família.

Parecer final do técnico
1. Parecer técnico sobre a situação da família e as providências a serem tomadas para a superação da vulnerabilidade social.
2. Conclusão
3. Assinatura

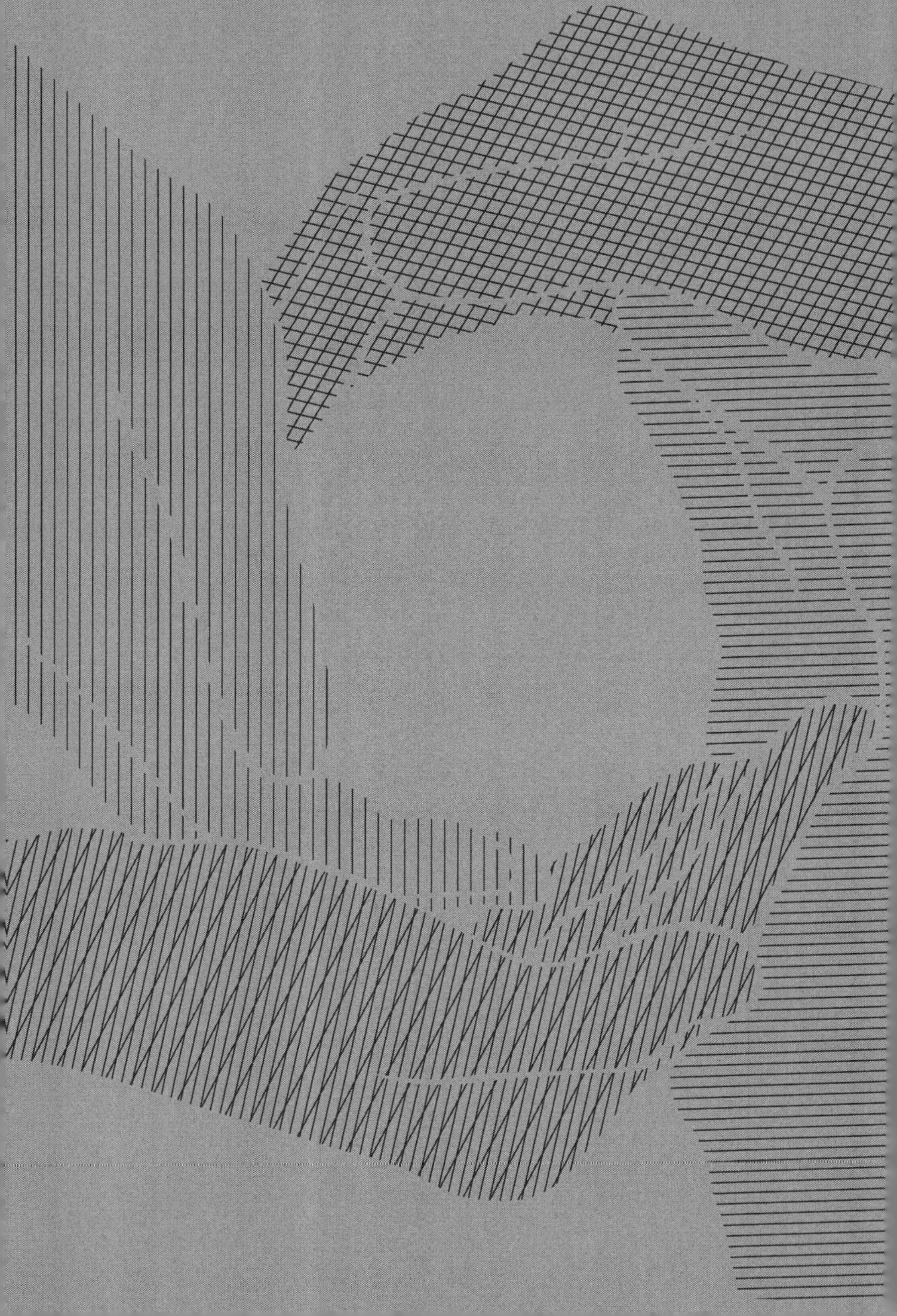

Referências

ABEPSS – Associação Brasileira de Ensino e Pesquisa em Serviço Social. **Projeto "ABEPSS Itinerante"**: as diretrizes curriculares e o projeto de formação profissional do serviço social. jul. 2011. Disponível em: <http://www.cress-mg.org.br/arquivos/projeto_abepss.pdf>. Acesso em: 17 abr. 2016.

_____. **Quem somos**. Disponível em: <http://www.abepss.org.br/quem-somos-1>. Acesso em: 12 jan. 2017.

ABREU, M. M. A dimensão pedagógica do serviço social: bases histórico-conceituais e expressões particulares na sociedade brasileira. **Serviço Social e Sociedade**, São Paulo, n. 79, ano XXV, p. 43-71, 2004.

_____. **Serviço social e a organização da cultura**: perfis pedagógicos da prática profissional. São Paulo: Cortez, 2002.

ALMEIDA, N. L. T. de. Retomando a temática da "sistematização da prática" em serviço social. In: MOTTA, A. E et al. **Serviço social e saúde**: formação e trabalho profissional. São Paulo: Cortez, 2006.

AMARO, S. **Visita domiciliar**: guia para uma abordagem complexa. Porto Alegre: AGE, 2003.

BAPTISTA, M. V. Prática social/prática profissional: a natureza complexa das relações profissionais cotidianas. In: BAPTISTA, M. V.; BATTINI, O. (Org.). **A prática profissional do assistente social**: teoria, ação, construção de conhecimento. São Paulo: Veras, 2009. v. 1.

BARBIANI, R. O serviço social e os processos de trabalho. **CRESS Informa – Jornal do Conselho Regional de Serviço Social**, 10ª Região, n. 67, ago. 2002.

BAREMBLITT, G. **Compêndio de análise institucional e outras correntes**. Rio de Janeiro: Rosa dos Tempos, 1996.

BAUMAN, Z. **Comunidade**: a busca por segurança no mundo atual. Tradução de Plínio Dentzien. Rio de Janeiro: J. Zahar, 2003.

BECKER, H. S. **Métodos de pesquisa em ciências sociais**. São Paulo: Hucitec, 1999.

BENJAMIN, A. **A entrevista de ajuda**. 9. ed. São Paulo: M. Fontes, 1998.

_____. _____. 10. ed. São Paulo: M. Fontes, 2002.

_____. _____. 13. ed. São Paulo: M. Fontes, 2011.

BRAGA, A. Serviço social de grupo em sua visão histórica. **CBCISS**, Rio de Janeiro, ano II, n. 13, 1969.

BRASIL. Constituição (1988). **Diário Oficial da União**, Brasília, DF, 5 out. 1988. Disponível em: <http://www.planalto.gov.br/ccivil_03/constituicao/constituicao.htm>. Acesso em: 13 mar. 2017.

_____. Lei n. 3.252, de 27 de agosto de 1957. **Diário Oficial da União**, Poder Legislativo, Brasília, DF, 28 ago. 1957. Disponível em: <http://www.planalto.gov.br/ccivil_03/leis/L3252.htm>. Acesso em: 12 jan. 2017.

_____. Lei n. 8.142 de 28 de dezembro de 1990. **Diário Oficial da União**, Poder Executivo, Brasília, DF, 31 dez. 1990. Disponível em: <http://www.planalto.gov.br/ccivil_03/leis/L8142.htm>. Acesso em: 26 jan. 2017.

BRASIL. Lei n. 8.662, de 7 de junho de 1993. **Diário Oficial da União**, Poder Legislativo, Brasília, DF, 8 jun. 1993. Disponível em: <http://www.planalto.gov.br/ccivil_03/leis/L8662.htm>. Acesso em: 12 jan. 2017.

_____. Lei n. 9.394, de 20 de dezembro de 1996. **Diário Oficial da União**, Poder Legislativo, Brasília, DF, 23 dez. 1996. Disponível em: <http://www.planalto.gov.br/ccivil_03/leis/L9394.htm>. Acesso em: 17 abr. 2016.

BRASIL. Ministério do Desenvolvimento Social e Combate à Fome. Sistema Único de Assistência Social. Proteção Social Básica. **Orientações Técnicas**: Centro de Referência de Assistência Social – CRAS. Brasília: Ministério do Desenvolvimento Social e Combate à Fome, 2009. Disponível em: <http://www.mds.gov.br/webarquivos/publicacao/assistencia_social/Cadernos/orientacoes_Cras.pdf>. Acesso em: 26 jan. 2017.

BRAVO, M. I. S.; MENEZES, J. S. B. de. **Saúde, serviço social, movimentos sociais e conselhos**: desafios atuais. São Paulo: Cortez, 2012.

CARVALHO, R.; IAMAMOTO, M. **Relações sociais e serviço social no Brasil**: esboço de uma interpretação histórico-metodológica. 17. ed. São Paulo: Cortez, 2005.

CBCISS – Centro Brasileiro de Cooperação e Intercâmbio de Serviços Sociais. **Teorização do serviço social**: Documento de Araxá, Teresópolis e Sumaré. Rio de Janeiro: Agir, 1986.

CFESS – Conselho Federal de Serviço Social. **Código de Ética do/a Assistente Social**: Lei 8.662/93 de regulamentação da profissão. 9. ed. rev. e atual. Brasília: Cfess. 2011a. Disponível em: <http://www.cfess.org.br/arquivos/CEP2011_CFESS.pdf>. Acesso em: 12 jan. 2017.

_____. **Legislação e Resoluções sobre o trabalho do/a assistente social**. Conselho Federal de Serviço Social – Gestão Atitude Crítica para Avançar na Luta. Brasília: CFESS, 2011b. Disponível em: <http://www.cfess.org.br/arquivos/LEGISLACAO_E_RESOLUCOES_AS.pdf>. Acesso em: 12 jan. 2017.

CFESS – Conselho Federal de Serviço Social. **O estudo social em perícias, laudos e pareceres técnicos**: debates no Judiciário, no Penitenciário e na Previdência Social. 11. ed. São Paulo: Cortez, 2014.

_____. **Parâmetros de atuação de assistentes sociais na política de assistência social**. Brasília: Cfess, 2011c. (Série Trabalho e Projeto Profissional nas Políticas Sociais). Disponível em: <http://www.cfess.org.br/arquivos/Cartilha_CFESS_Final_Grafica.pdf>. Acesso em: 30 jan. 2017

CFESS – Conselho Federal de Serviço Social (Org.). **Assistentes sociais no Brasil**: elementos para o estudo do perfil profissional. Brasília: Cfess, 2005. Disponível em: <http://www.cfess.org.br/arquivos/perfilas_edicaovirtual2006.pdf>. Acesso em: 30 jan. 2017.

_____. **Frentes de atuação e comissões de trabalho**. Disponivel em: <http://www.cfess.org.br/visualizar/menu/local/frentes-de-atuacao-ecomissoes->. Acesso em: 30 jan. 2017.

COSTA, R. C. da. **A terceira idade hoje sob a ótica do serviço social**. Canoas: Ulbra, 2007.

COUTO, B. R. Formulação de projeto de trabalho profissional. In: CFESS – Conselho Federal de Serviço Social; ABEPSS – Associação Brasileira de Ensino e Pesquisa em Serviço Social. **Serviço social**: direitos sociais e competências profissionais. Brasília: Cfess/Abepss, 2009. p. 651-663.

CRESS – Conselho Regional de Serviço Social (Org.). **Coletânea de Leis**. Porto Alegre, Dacasa/Palmarinca, 2009.

CRUZ NETO, O. O trabalho de campo como descoberta e criação. In: MINAYO, M. C. de S. (Org.). **Pesquisa social**: teoria, método e criatividade. Petrópolis: Vozes, 1994. p. 51-66.

DEJOURS, C. **A banalização da injustiça social**. Tradução de Luiz Alberto Monjardim. Rio de Janeiro: Editora FGV, 2007.

DELEUZE, G. GUATTARI, F. **Mil platôs**. Tradução de Aurélio Guerra Neto e Celia Pinto Costa. São Paulo: Editora 34, 2000. v. I.

ELY, F. R. Serviço social e interdisciplinaridade. **Katálysis**, Florianópolis, v. 6, n. 1, p. 113-117, jan./jun. 2003. Disponível em: <https://periodicos.ufsc.br/index.php/katalysis/article/view/7123/6625>. Acesso em: 13 mar. 2017.

FALEIROS, V. de P. **Estratégias em serviço social**. 2. ed. São Paulo: Cortez, 1999.

_____. **Estratégias em serviço social**. São Paulo: Cortez, 1997.

FALEIROS, V. de P. Sociedade e Estado: a crise do pacto de direitos no albor do século XXI. In: CARVALHO, D. de; BICALHO, N.; DEMO, P. (Org.). **Novos paradigmas da política social**. Brasília: Ed. da UnB, 2002. p. 27-32.

FÁVERO, T. E. Estudo social: fundamentos e particularidades de sua construção na área jurídica. In: CFESS – Conselho Federal de Serviço Social. **O estudo social em perícias, laudos e pareceres técnicos**: contribuição ao debate no Judiciário, Penitenciário e na Previdência Social. São Paulo: Cortez, 2003. p. 104.

FAUSTINI, M. S. A. A prática do serviço social: O desafio da construção. **Cadernos EDIPUCRS**, Porto Alegre, n. 9, 1995.

FERNANDES, I.; LIPPO, H. Política de acessibilidade universal na sociedade contemporânea. **Textos & Contextos**, Porto Alegre, v. 12, n. 2, p. 281 - 291, jul./dez. 2013. Disponível em: <http://www.redalyc.org/articulo.oa?id=321529409006>. Acesso em: 14 mar. 2017.

GIL, A. C. **Métodos e técnicas de pesquisa social**. 5. ed. São Paulo: Atlas, 2006.

GIONGO, C. **Material didático organizado para a disciplina de processo de trabalho**. Curso de Serviço Social. Campus Canoas: Ulbra, 2002.

_____. **Trabalhando com famílias pobres**. Disciplina de Processo de Trabalho III com base em COLAPINTO, J.; MINUCHIN, P.; MINUCHI, S. Porto Alegre: Artes Médicas, 1999.

GUERRA, Y. **A instrumentalidade do serviço social**. 5. ed. São Paulo: Cortez, 2014.

_____. _____. 2. ed. São Paulo: Cortez, 1999.

GUERRA, Y. Instrumentalidade do processo de trabalho e serviço social. **Serviço Social e Sociedade**, São Paulo, ano XXI, n. 62, p. 5-30, 2000.

GUERRA, Y. et al. **Atribuições privativas e competências profissionais do/a assistente social**: contribuições ao debate. 2015. Disponível em: <https://coloquio3.files.wordpress.com/2015/03/atribuic3a7c3b5es-privativas-e-competc3aancias-profissionais-do-a-assistente-social.pdf>. Acesso em: 19 jan. 2017.

GUIMARÃES, G. T. D. **Material didático organizado para o curso Processos e Práticas em Serviço Social**. Pelotas, 2006. Apostila digitada.

IAMAMOTO, M. V. **O serviço social em tempo de capital fetiche**: capital financeiro, trabalho e questão social. 4. ed. São Paulo: Cortez, 2010.

_____. **O serviço social na contemporaneidade**: trabalho e formação profissional. 5. ed. São Paulo: Cortez, 2001.

_____. _____. 4. ed. São Paulo: Cortez, 2000.

_____. _____. 2. ed. São Paulo: Cortez, 1999a.

_____. _____. São Paulo: Cortez, 1998.

IAMAMOTO, M. V. Projeto profissional, espaços ocupacionais e o trabalho do assistente social na atualidade. In: CFESS – Conselho Federal de Serviço Social. ed. ampl. **Atribuições provativas do/a assistente social em questão**. Brasília: Cfess, 2012. p. 33-72. Disponível em: <www.cfess.org.br/arquivos/atribuicoes2012-completo.pdf>. Acesso em: 19 jun. 2016.

JACOBY, M. Política Social I. **Cadernos Universitários**. Canoas: Ulbra, 2003.

KAMEYAMA, N. A Trajetória da produção de conhecimentos em serviço social: avanços e tendências – 1975 a 1997. **Caderno ABESS**, São Paulo, n. 8, p. 33-76, 1998.

KASTRUP, V. A rede: uma figura empírica da ontologia do presente. In: PARENTE, A. (Org.). **Tramas da rede**: novas dimensões filosóficas, estéticas e políticas da comunicação. Porto Alegre: Sulina, 2004. p. 80-90.

KERN, F. A. **Redes de apoio no contexto da Aids**: um retorno para a vida. Porto Alegre: EDIPUCRS, 2004.

_____. Rede social. **Cadernos Universitários**, Canoas, n. 58, 2002.

KISNERMAN, N. **Serviço social de grupo**. Petrópolis: Vozes, 1978.

KONOPKA, G. **Serviço social de grupo**: um processo de ajuda. Rio de Janeiro: J. Zahar, 1964.

LANE, S. T. M. et al. Uma análise dialética do processo grupal. **Cadernos PUC – Psicologia**, São Paulo, n. 11, 1981.

LEWIN, K. **Problemas de dinâmica de grupo**. São Paulo: Cultrix, 1989.

_____. **Teoria dinâmica da personalidade**. São Paulo: Cultrix, 1975.

LIMA, T. C. S. de; MIOTO, R. C. T.; PRÁ, K. R. D. A documentação no cotidiano da intervenção dos assistentes sociais: algumas considerações acerca do diário de campo. **Textos e Contextos**, Porto Alegre, v. 6, n. 1, p. 93-104, jan./jun. 2007. Disponível em: <http://revistaseletronicas.pucrs.br/fo/ojs/index.php/fass/article/view/1048/3234>. Acesso em: 31 jan. 2017.

LISBOA, T., PINHEIRO, E. A intervenção do serviço social junto à questão da violência contra a mulher. **Katálysis**, Florianópolis, v. 8, n. 2, jul./dez. 2005. Disponível em: <http://www.periodicos.ufsc.br/index.php/katalysis/article/view/6111/5675>. Acesso em: 16 jan. 2017.

LOPES, M. S. M. **Introdução ao serviço social**. Canoas: Ed. da Ulbra, 2010.

MAGALHÃES, S. M. **Avaliação e linguagem**: relatórios, laudos e pareceres. São Paulo; Lisboa: Veras; CPIHTS, 2003.

MARSIGLIA, R. M. G. Orientações básicas para a pesquisa. In: MOTA, A. E. et al. **Serviço social e saúde**: formação e trabalho profissional. São Paulo: Cortez, 2006. p. 1-16.

MARTINELLI, M. L. **Concepção de profissão na perspectiva sócio-histórica**: premissas analíticas. São Paulo: Mimeo, 2005.

_____. **O uso de abordagens qualitativas na pesquisa em Serviço Social**: um instigante desafio. São Paulo: Nepi, 1994. (Caderno do Núcleo de Estudos e Pesquisa sobre identidade, n. 1).

MARTINS, O. (Ed.). **Apostila de acordo com o programa do edital n. 01/2008 – INSS, de 10 de novembro de 2008**. Apostila. Porto Alegre: Veritas Lux, 2008.

MARX, K. **O Capital**: crítica da economia política. Livro I: o processo de produção do capital. São Paulo: Nova Cultural, 1985.

MINAYO, M. C. de S. **O desafio do conhecimento**: pesquisa qualitativa em saúde. 3. ed. São Paulo: Hucitec; Rio de Janeiro: Abrasco, 1994.

MIOTO, R. C. T. A perícia social: proposta de um percurso operativo. **Serviço Social e Sociedade**, São Paulo, n. 67, 2001.

_____. Estudos socioeconômicos. In: CFESS – Conselho Federal de Serviço Social; ABEPSS – Associação Brasileira de Ensino e Pesquisa em Serviço Social. **Serviço social**: direitos sociais e competências profissionais. Brasília: CFESS/ABEPSS, 2009. p. 481-496.

_____. O trabalho com redes como procedimento de intervenção profissional: o desafio da requalificação dos serviços. **Katálysis**, Florianópolis, v. 5, n. 1, p. 51-58, jan./jun. 2002. Disponível em: <https://periodicos.ufsc.br/index.php/katalysis/article/view/5870>. Acesso em: 13 mar. 2017.

MIOTO, R. C. T.; LIMA, T. C. S. A dimensão técnico-operativa do Serviço Social em foco: sistematização de um processo investigativo. **Textos & Contextos**. Porto Alegre, v. 8 n. 1, p. 22-48, jan./jun. 2009. Disponível em: <http://revistaseletronicas.pucrs.br/ojs/index.php/fass/article/view/5673>. Acesso em: 13 mar. 2017.

MIOTO, R. C. T.; NOGUEIRA, V. M. R. Serviço Social e Saúde – desafios intelectuais e operativos. **SER Social**, Brasília, v. 11, n. 25, p. 221-243, jul./dez. 2009. Disponível em: <http://periodicos.unb.br/index.php/SER_Social/article/view/374/227>. Acesso em: 13 mar. 2017.

MONTAÑO, C. **Terceiro setor e questão social**: crítica ao padrão emergente de intervenção social. 4. ed. São Paulo: Cortez, 2007.

MOREIRA, C. F. N. **O trabalho com grupos em serviço social**: a dinâmica de grupo como estratégia para reflexão crítica. São Paulo: Cortez, 2013.

MORENO, J. L. **Psicodrama**. 9. ed. São Paulo: Cultrix, 1993.

MORIN, E. **A cabeça bem-feita**: repensar a reforma e reformar o pensamento. 7. ed. Rio de Janeiro: Bertrand Brasil, 2000.

NETTO, J. P. A construção do projeto ético-político contemporâneo In: CAPACITAÇÃO em Serviço Social e Política Social. Módulo 1. Brasília: CEAD/ABEPSS/CFESS, 1999a.

NETTO, J. P. Notas para a discussão da sistematização da prática em serviço social. **Cadernos ABESS**, São Paulo, n. 3, 1989.

NORTHEN, H. **Serviço social com grupos**. 2. ed. Rio de Janeiro: Agir, 1974.

OLIVEIRA, E. M. Empregabilidade e gerenciamento da carreira do assistente social no século XXI: desafios e estratégias. In: ENCONTRO NACIONAL DE PESQUISADORES EM SERVIÇO SOCIAL, 7., 2000, Brasília. **Anais...** Brasília: Enpess, 2000.

OUTHWAITE, W.; BOTTOMORE, T. (Ed.). **Dicionário do pensamento social do Século XX**. Tradução de Eduardo Francisco Alves e Álvaro Cabral. Rio de Janeiro: J. Zahar, 1996.

PICHON RIVIÈRE, E. **O processo grupal**. Tradução de Marco Aurélio de Velloso. 6. ed. São Paulo: M. Fontes, 1998.

PONTES, R. N. **Mediação e serviço social**: um estudo preliminar sobre a categoria teórica e sua apropriação pelo serviço social. 7. ed. São Paulo: Cortez, 2010.

PORTAL EDUCAÇÃO. **Conhecimentos, habilidades e atitudes (CHA)**. 5 fev. 2013. Disponível em: <https://www.portaleducacao.com.br/educacao/artigos/32057/conhecimentos-habilidades-e-atitudes-cha>. Acesso em: 12 jan. 2017.

PRATES, J. C. Planejamento da Pesquisa Social. **Temporalis**. Porto Alegre, ano 4, n. 7, p. 123-143, 2004.

RICHARDSON, R. J. **A pesquisa social**: métodos e técnicas. 3. ed. São Paulo: Atlas, 1999.

ROCHA, A. L. C. da; ECKERT, C. Etnografia: saberes e práticas. **Iluminuras** v. 9, n. 21, p. 1, 2008. Disponível em: <http://seer.ufrgs.br/iluminuras/article/view/9301>. Acesso em: 17 jan. 2017.

ROSA, J. G. Grande sertão: veredas. In: _____. **Ficção completa**. Rio de Janeiro: Nova Aguilar, 1995. v. 2.

ROSA, L. A. G. **Psicologia estrutural em Kurt Lewin**. Rio de Janeiro: Vozes, 1972.

ROSEN, G. **Uma história da saúde pública**. Tradução de Marcos Fernandes de S. Moreira. Rio de Janeiro: Hucitec; Unesp; Abrasco, 1994. (Série Saúde em Debate).

SCHEUNEMANN, A. V. et al. **Processo de trabalho no serviço social**. Canoas: Ulbra, 2010.

SCHEUNEMANN, A. V.; HOCK, L. C. **Relatório de pesquisa**: redes, teias e mediações na experiência do banco de alimentos da Federação das Indústrias do Estado do Rio Grande do Sul, 2007.

SCISLESKI, A.; MARASCHIN, C. Redes sociais e internação psiquiátrica: paradoxos nas políticas de saúde para a juventude. In: CRUZ, L.; GUARESCHI, N. (Org.). **Políticas públicas e assistência social**: diálogo com as práticas psicológicas. Petrópolis: Vozes, 2009. p. 162-178.

SERRA, R. M. S. **Crise de materialidade no serviço social**: repercussões no mercado profissional. São Paulo: Cortez. 2000.

SILVA, J. A. P. da. O papel da entrevista na prática do serviço social. **Em Pauta: Cadernos da Faculdade de Serviço Social da UERJ**, Rio de Janeiro, n. 6, 1995.

SILVA, M. O. da S. e. **Formação profissional do assistente social**: inserção na realidade social e na dinâmica da profissão. 2. ed. São Paulo: Cortez, 1995.

SLUZKI, C. E. **A rede social na prática sistêmica**. Tradução de Cláudia Berliner. São Paulo: Casa do Psicólogo, 1997.

SOUSA, C. T. de. A prática do assistente social: conhecimento, instrumentalidade e intervenção profissional. **Emancipação**, Ponta Grossa, v. 8, n. 1, p. 119-132, 2008. Disponível em: <http://www.revistas2.uepg.br/index.php/emancipacao/article/view/119/117>. Acesso em: 12 jan. 2017.

SPEROTTO, N. **Instrumentalidade do serviço social**. Porto Alegre: Imprensa Livre, 2009.

TATAGIBA, M. C.; FILÁRTIGA, V. **Vivendo e aprendendo com grupos**: uma metodologia construtivista de dinâmica de grupo. Rio de Janeiro: DP&A, 2001.

TESKE, O. As desigualdades invisíveis: acessibilidade universal em debate. In: ____. **Sociologia**: textos e contextos. 2. ed. Canoas: Ulbra, 2005.

TÖNNIES, F. **Comunidad y Sociedad**. Buenos Aires: Losada, 1947.

TRINDADE, R. L. P. Desvendando as determinações sócio-históricas do instrumental técnico-operativo do serviço social na articulação entre demandas sociais e projetos profissionais. **Temporalis**, Brasília, n. 4, 2001. Disponível em: <http://www.cressrn.org.br/files/arquivos/65N06Bp3L00eI373q8j6.pdf>. Acesso em: 16 jan. 2017.

TÜRCK, M. da G. M. G. Processo de trabalho V: temática n. 1 – documentação. **Cadernos Universitários**, Canoas, n. 82, 2003.

____. **Rede interna e rede social**: o desafio permanente na teia das relações sociais. 2. ed. Porto Alegre: Tomo, 2002.

TÜRCK, M. da G. M. G.; JACOBY, M.; SPEROTTO, N. Processo de trabalho do Serviço Social IV. **Cadernos Universitários**, Canoas, n. 83, 2003.

UGARTE, D. de. **O poder das redes**: manual ilustrado para pessoas, organizações e empresas, chamadas a praticar o ciberativismo. Porto Alegre: Edipucrs, 2008.

VASCONCELOS, A. M. Serviço social e prática reflexiva. **Em Pauta**, n. 10, set. 1997.

VASCONCELOS, E. M. **O poder que brota da dor e da opressão**: empowerment, sua história, teorias e estratégias. São Paulo: Paulus, 2003.

VÁZQUEZ, A. S. **Ética**. Rio de Janeiro: Civilização Brasileira, 1997.

VILELA, E. M.; MENDES, I. J. M. Interdisciplinaridade e saúde: estudo bibliográfico. **Revista Latino-Americana de Enfermagem**, Ribeirão Preto, v. 11, n. 4, jul./ago. 2003.

ZIMERMAN, D. E.; OSÓRIO, L. C. **Como trabalhamos com grupos**. Porto Alegre: Artes Médicas, 1997.

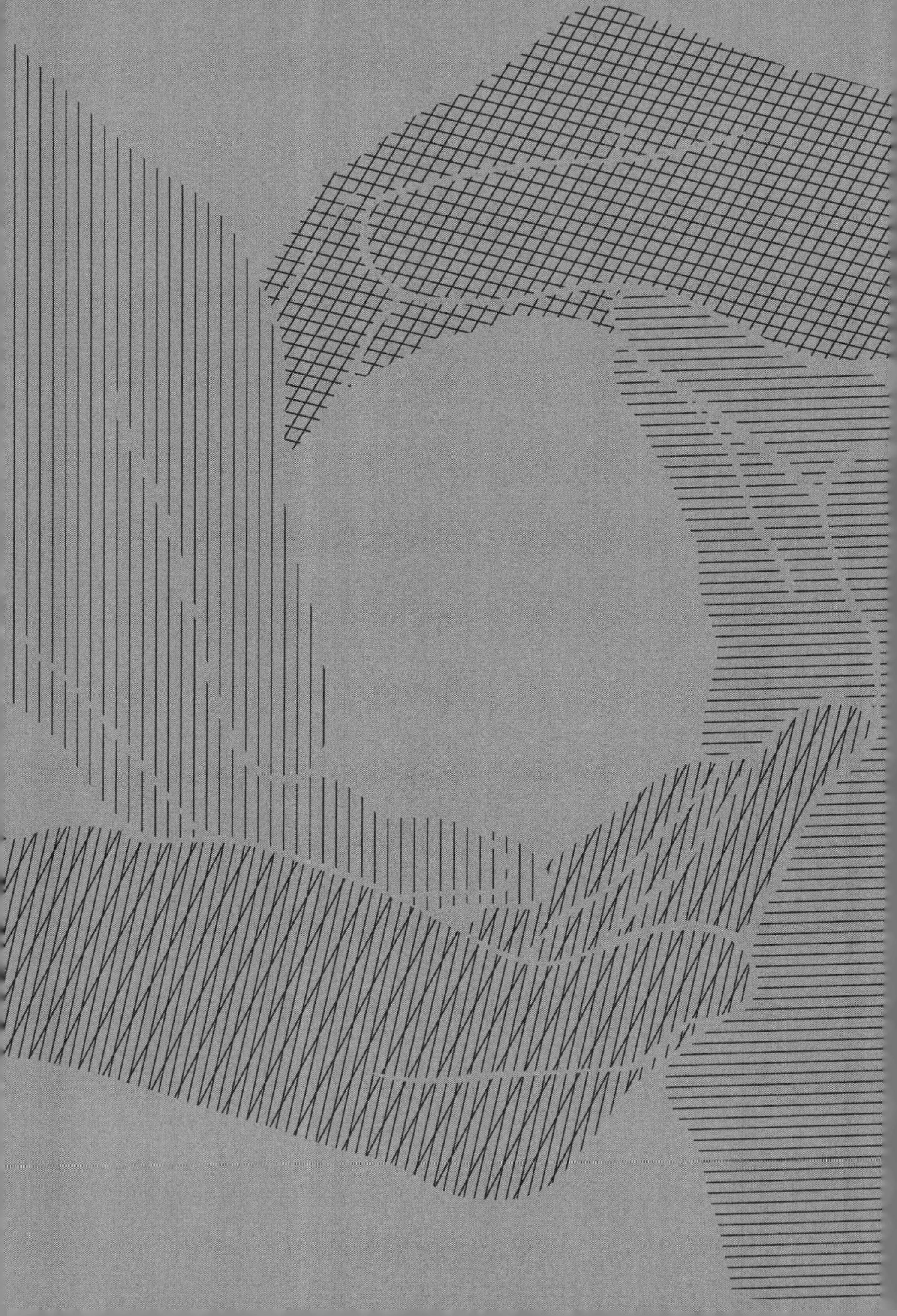

Respostas

Capítulo 1

Questões para revisão

1. b
2. c
3. a
4. As dimensões ético-política, técnico-operativa e teórico-metodológica são interdependentes e complementares na prática profissional do(a) assistente social. São intrínsecos ao processo de trabalho: o arcabouço teórico, ou seja, a base de conhecimentos que favorecem o reconhecimento do objeto de trabalho do serviço social; os instrumentais operativos, por meio dos quais é desenvolvida a prática da entrevista, da observação, da visita domiciliar, do trabalho com grupos; o registro da documentação (estudo social, parecer social e encaminhamentos)

em consonância com o compromisso ético-profissional balizado pela Lei de Regulamentação da Profissão e o código de ética profissional da categoria.

5. Na concepção de Guerra (2000), a instrumentalidade no exercício profissional do(a) assistente social não está relacionada apenas ao uso dos instrumentos necessários ao agir profissional, com a finalidade de obter resultados profissionais. Mais correto seria afirmar que a instrumentalidade no exercício profissional refere-se não ao conjunto de instrumentos e técnicas (nesse caso, a instrumentação técnica), mas a determinada capacidade ou propriedade constitutiva da profissão, construída e reconstruída no processo sócio-histórico.

Capítulo 2

Questões para revisão

1. A abordagem coletiva é utilizada no serviço social nas situações sociais específicas ou comuns identificadas em um número significativo de usuários. É usada para organizar e atender grupos que devem ser informados sobre aspectos ligados ao acesso e ao direito à saúde, à assistência social, à educação, entre outros benefícios.

2. Um desafio apontado por Iamamoto (1999a) é conciliar a bagagem teórica acumulada pelo(a) profissional do serviço social, o enraizamento da profissão na realidade e a atenção às estratégias e às técnicas do trabalho. Em outras palavras, o desafio reside na construção de um(a) profissional propositivo(a), e não só executivo(a).

3. a

4. a

5. b

Capítulo 3

Questões para revisão

1. A entrevista é um instrumento de intervenção com objetivos claros e definidos. Sua função é auxiliar o(a) assistente social a conhecer a realidade, ou seja, a compreender o universo, as representações, os valores, os significados, a concepção de ser social e de mundo. Esse recurso permite ao(à) assistente social conhecer a história pregressa e atual do(a) usuário(a), o que favorece a investigação, o diagnóstico e a intervenção profissional com o indivíduo que chega, espontaneamente ou por encaminhamento, ao serviço social.

2. Quanto à postura do(a) profissional do serviço social: não seguir os princípios ético-profissionais; não ser objetivo; deixar o(a) usuário(a) aguardando muito tempo para ser atendido(a); angustiar-se com a situação apresentada ou finalizar rapidamente a entrevista; argumentar sobre a escassez de tempo; criar expectativas que não possa cumprir; falar mais que o(a) entrevistado(a).

   Quanto à conduta do(a) entrevistado(a): demonstrar resistência inicial; não se sentir suficientemente compreendido(a) e valorizado(a).

   Limites institucionais: regras de inclusão ou exclusão, aceitação do instituído, demanda (coletiva, longas esperas, falta de tempo, escassez de profissionais *versus* demanda) e contradições presentes.

3. b
4. a
5. c

Capítulo 4

Questões para revisão

1. Há aspectos operacionais da visita domiciliar que favorecem um melhor desempenho. No planejamento cabe: esclarecer para o(a) usuário(a) qual(is) o(s) objetivos(s) da entrevista, cronogramas e

itinerários das atividades necessárias ao atendimento; avaliar a possibilidade da realização da visita domiciliar ou marcá-la; se possível, apropriar-se dos registros da documentação. Quando da realização da visita, o(a) profissional deve apresentar-se e identificar-se, deixando explícita a intencionalidade da visita; estar preparado para uma intervenção profissional e realizar a entrevista de forma adequada; observar o ambiente, as relações entre os membros da família, seus comportamentos e reações; manter uma conversação dialógica; anotar apenas o indispensável. Na sequência, o(a) assistente social deve registrar os dados ao retornar ao local de trabalho.

2. A visita domiciliar possibilita ao(à) profissional a realização da análise sobre o que observa e sente, pois trata-se de uma intervenção que transcende o espaço sócio-ocupacional. Essa atividade requer do(a) assistente social visitador(a) a predisposição para lidar com o diferente, o inacreditável e o imprevisto.

3. b
4. b
5. b

Capítulo 5

Questões para revisão

1. O trabalho profissional com grupos fundamenta-se necessariamente na compreensão das particularidades de cada intervenção circunscrita, social e institucionalmente, em diferentes espaços ocupacionais. Esse instrumento pressupõe que o processo grupal esteja sempre aberto ao conhecimento, à aprendizagem sobre as singularidades e as relações sociais dos indivíduos em estudo.

2. Falta de acesso a veículo para deslocamento até o local onde ocorrem as reuniões; escassez de recursos financeiros para a aquisição dos itens indispensáveis para determinadas atividades lúdicas; rotatividade dos(as) participantes por motivos diversos.

Outro ponto é o trabalho com grupos ligado diretamente a determinados programas sociais e políticas públicas que demandam do(a) assistente social a criação de mecanismos de controle da produtividade das intervenções, ou seja, do número de participantes.

3. a
4. b
5. c

Capítulo 6

Questões para revisão

1. b
2. a
3. b
4. Sem comprometer a paridade entre os segmentos, a atuação dos conselhos deve garantir a representatividade de todos os setores sociais, superando possíveis barreiras; é preciso, por exemplo, possibilitar o acesso de pessoas com deficiência ou idosas e também prever a adequação de horários das reuniões, tendo em vista não dificultar a presença de crianças e adolescentes ou mesmo de mulheres trabalhadoras. Ainda é importante promover a participação de movimentos sociais e populares não institucionalizados nas discussões. Logo, é necessário considerar a necessidade de aproximar a agenda reivindicatória da sociedade à agenda dos governos eleitos, pois, do contrário, gera-se um descompasso.
5. As pautas e ações devem visar à superação das desigualdades sociais entre diferentes populações e regiões mediante organização e mobilização social em reuniões compartilhadas entre os conselhos. Essa junção de esforços precisa ser direcionada às necessidades dos(as) usuários(as) e à ampliação do acesso aos bens e serviços, visto que, atualmente, isso ocorre de forma fragmentada. Uma forma de superar tais obstáculos é realizar e valorizar o trabalho interdisciplinar

e a articulação intersetorial, bem como superar iniquidades que afetam a população brasileira (racismo, sexismo e intolerância às diversidades). Desse modo, as ações devem buscar uma mudança pelo viés da cidadania e do desenvolvimento da sociedade como um todo.

Capítulo 7

Questões para revisão

1. *Rede* sugere uma teia de vínculos, relações e ações entre indivíduos e organizações, tecendo-se continuamente em todos os campos da vida societária e envolvendo processos de circulação, articulação, participação e cooperação. Como estratégia metodológica, favorece o uso de recursos institucionais e comunitários em favor da população usuária, como a descentralização das políticas sociais públicas – em que os(as) assistentes sociais são impelidos a implantar e orientar conselhos de políticas públicas –, a elaboração de planos de assistência social, o acompanhamento e a avaliação de programas e projetos.

2. *Rede* pode ser entendida como uma estrutura social composta por pessoas ou organizações que partilham valores e objetivos comuns e mantêm relações. Nessa perspectiva, uma rede exige sintonia com a realidade e o contexto social.
Teias são as relações sociais estabelecidas com as instâncias sociais.
Vínculos são as conexões firmadas pelas relações.

3. a
4. a
5. b

Capítulo 8

Questões para revisão

1. O registro da documentação permite a qualificação do processo de trabalho pois torna viável a reflexão sobre o processo, a busca por alternativas, a realização de uma interlocução com autores de referência, o avanço no conhecimento e o estudo de caso em dada equipe interdisciplinar.

2. Conforme a Lei n. 8.662/1993, que regulamenta a profissão do serviço social, em seu art. 5, inciso IV, considera-se atribuição privativa do(a) assistente social: "realizar vistorias, perícias técnicas, laudos periciais, informações e pareceres sobre matéria de serviço social". No Código de Ética, Título II, que trata dos direitos e das responsabilidades gerais do(a) assistente social, no art. 2º, alínea g, está disposto que cabe ao(à) profissional o "pronunciamento em matéria de sua especialidade, sobretudo quando se tratar de assuntos de interesse da população". Isso representa respaldo na efetivação da perícia social, que, por sua vez, é um instrumento de inclusão social.

3. d
4. a
5. b

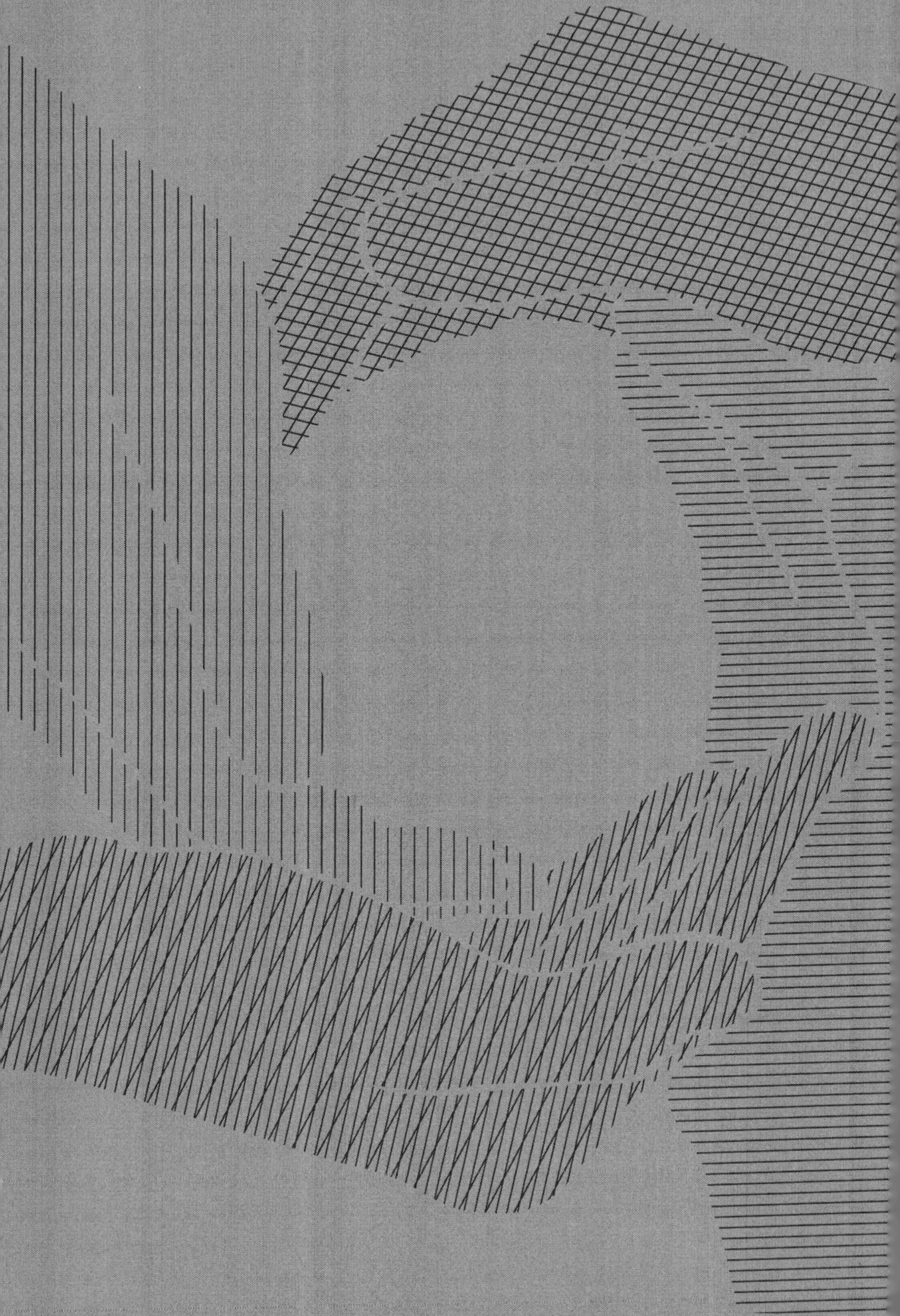

Sobre a autora

Ângela Maria Pereira da Silva é graduada em Serviço Social pela Universidade Luterana do Brasil (Ulbra), especialista em Gestão do Capital Humano pelas Faculdades Porto-Alegrenses e mestre em Serviço Social pela Pontifícia Universidade Católica do Rio Grande do Sul (PUCRS). Tem experiência no serviço social e atua na Prefeitura Municipal de São Leopoldo desde 2005. Entre 2008 e 2012, atuou na gestão e no planejamento do trabalho em um centro de atendimento e apoio à mulher em situação de violência (Centro Jacobina). Desde 2013, integra a equipe do Programa Saúde da Família na Secretaria Municipal de Saúde da Prefeitura Municipal de São Leopoldo. É docente no curso de Serviço Social da Ulbra (*campus* Canoas), desde 2010. Desde 2014, é tutora das residentes do Serviço Social na Residência Multiprofissional de Saúde Comunitária e compõe, desde 2015, o Corpo Docente do curso de Medicina, ambos da Ulbra.

Impressão:
Março/2017